KB274326

공주영상대학 음향제작과 이동재 교수의

Wavelab(5.0 이상)＋Vegas(7.0 이상)를 사용한

영상사운드
라디오드라마
게임사운드 제작

셀프업 **21**

공주영상대학 음향제작과 이동재 교수의

Wavelab(5.0 이상)+Vegas(7.0 이상)를 사용한

영상사운드
라디오드라마
게임사운드 제작

이동재 지음

이담
Books

머리말

　가난하고 재능 없지만 욕망에 타오르는 사람에게는 참으로 긴 여정이었다. 뮤지컬 가수가 되고 싶었던 소년은 자신의 분수도 모른 채 그 분야에 도전하였고 대학 입학과 함께 자신의 보잘것없는 재능에 한숨 쉬고 인생의 좌절을 맛보았다. 그러다 운이 좋아 중학교 음악선생이 되었고 '아하 인생은 꼭 재능이 있는 것보다는 성실함이 더 필요한 분야가 많구나.' 하는 인생의 이치를 깨닫게 된다. 지은이가 대학을 다닐 때는 1류 대학, 2, 3류 대학, 대졸·고졸의 학벌 차이, 어디서 태어났는가에 대한 지역 차별, 성별 차별 사회 어느 구석에서나 종으로 횡으로 주종의 관계를 더 명확히 하던 시대였다. 그동안 이러한 차별구조에 대해 저항하였지만 계란으로 바위 치는 격이었다. 어떤 때는 이미 교수라는 직책을 가지고 있어 기득권 세력으로 치부되기도 하지만 항상 초심을 잃지 않고자 노력하였다. 그래도 청렴과 신의를 기본 철학으로 삼고 학생의 좋은 점을 칭찬하다 보면 어느 틈엔가 그들이 발전함을 느끼게 된다. 지방대학, 그것도 작은 전문대학, 그 대학에서 Y 교수(청운대학교 전임교수)와 H 교수(계명대학교 초빙전임교수)의 탄생은 노력하면 된다는 사실을 입증하였지 않는가. 하는 데까지 해보자. 그러다 안 되면 히말라야로 가서 뛰어내리자.

　대학생들을 접한 지 11년째, 그들의 성향도 변해 갔다. 초기에는 한 우물을 파겠다는 학생이 대세여서 우리와 같은 융합학문은 이단으로 취급받았지만 이제 학생의 성향은 이것도 저것도 다 해 보겠다는 Multi의 양상을 보인다. 학생 중 성적이 상위권에 있지만 자신의 고집으로 인해 흔적도 없이 사라져 버린 학생도 있고 성적은 조금 모자라도 사회에서 맹활약을 하고 있는 학생도 있다. 새옹지마! 잊지 말자. 노력하다 보면 기회는 꼭 온다. 공주영상 대학의 음향제작과는 나의 교육철학을 투입해 본 장소이다. 대학의 학과는 교육과정의 우수성이 학생들의 미래 10~30년을 눈에 보이지 않게 받쳐 준다. 5~6년 이상을 학교 운영자와 수많은 논쟁을 벌인 후 학과의 교육과정을 나의 소신대로 다양함에 입각하여 설치하였다. 현재의 방송영상 혹은 음성에 대해서는 방송국 출신과 컴퓨터 중심의 단순시스템 구성자와의 싸움에 있다. 장비가 좋다는 말에 현혹되지 말자. 장비, 아무리 오래가 봤자 5년을 넘기지 못한다. 그 비싼 장비를 개인이 구입하려면 항상 불가능한 위치에 있다. 그리고 그곳에 취업을 못 하거나 다른 사람과 사이가 좋지 않아 그 직장을 떠났다면 이미 끝난 것이다. 싸고 좋은 품질을 만드는 컴퓨터를 쓰면 보편성으로 인해 운용은 물론 교육까지 가능하다. 나의 이 책은 가난하거나 중류층의 학생을 위해 쓰였다. 싸게 놀지만 우리가 만들어 내는 예술은 아름답다. 지은이는 딱 1개의 컴퓨터가 있는데 이 한 대로 영상, 음성, 음악작곡, 녹음, CSound 창음, 그래픽, 3D 등을 한 방에 다 해 버린다. 솔직히 너무 편하고 돈이 안 든다. 그리고 나의 제자들도 그렇게 한다. 걸상에 삐딱하게 앉아 온갖 구박을 받으면서도 담배를 팍팍 피우면서.

　사운드 전공에 미쳐 버린 학생들에게 한마디 더 하자. 세상을 보자. 우리의 세계가 가장 아름다운 것은 결코 아니다. 생명체는 항상 자신이 중심이다. 세상에는 수많은 세계와 수많은 전공이 있다. 다 아름답다. 그곳을 가보자. 타 문화를 존경하고 타 종교를 존경하는 마음을 가진다면 이미 그것으로 자신의 아름다운 사운드를 가지는 것이다. 따라서 취업에 신경 쓰는 것보다는 젊은 시절 외국에서 2~3년 정도 경험을 가지는 것이 더 인생을 길게 한다는 것이다. 그러면 사랑은 물론 영어 실력도 막강해져서 루저(loser)라는 소리를 덜 듣게 된다. 그리고 영어 잘하면 폼이 난다.

　아들 장현이와 딸 주현이에게 아빠의 사랑을 전한다. 찬란한 아침 햇살 아래 용감하고 씩씩하게 재잘거리며 논둑길을 걸어 학교에 가는 모습은 나에게는 벅찬 행복이었다. 또한 열심히 노력하는 나의 제자들에게 찬사를 보낸다. 한마디만 더 잔소리하자면, 신의! 성실! 정열! 이것이 사실은 우리 전공보다 더 고귀한 것이라고.

　이 책에는 가장 중요한 내용만 서술하였고 시시콜콜한 세부 사항은 기술하지 않았다. 이 내용만 서술하는 데도 5년이란 세월이 걸렸고 wavelab으로는 국내 최초 판이라고 본다. 계속 보완하며 수정하고자 한다.

2009년 11월 30일
이동재

목 차

▌Chapter 6 음성잡음 제거 / 93

▌Chapter 7 Vegas 사용 영상 사운드 제작 / 111

▌Chapter 8 Wavelab을 사용한 사운드의 음악적 처리(빠르기 조절과 음높이 조절) / 131

Chapter 1

일반적인 사전 지식

1. 컴퓨터 사양과 사운드 제작

과거 1982년경 개인컴퓨터(Personal Computer)의 등장으로 인해 겨우 25년 만에 음성은 물론 영상까지 1개의 컴퓨터 시스템으로 운영 가능한 경지에 오게 되었다. 2000년 초반만 하여도 컴퓨터 시스템은 새로운 요구에 의해 하루가 다르게 발전하였고 전 세계의 가정에 보급되었다. 2006년경부터는 영상을 제외하고는 거의가 현재의 시스템에 적절한 사양으로 바뀌었다. 따라서 음성은 어떤 사양이라도 문제가 없지만 영상 중에서는 **Full HD**만 제외한다면 별달리 과거처럼 사양의 발전에 덜 목매어도 된다. 더욱이 이 책이 라디오 드라마 혹은 영상을 위한 사운드 제작에 초점을 맞춘바 현재 일반 가정에서 사용하는 **computer**를 사용하여도 무방함을 알자. 비싼 것 필요 없다!!!

현재 보편적인 시스템은 **IBM** 호환 **PC**이다. 음성을 지배하던 **PC**의 시스템은 **Atari, Acorn, Macintosh, IBM PC**의 역사적인 흐름을 보이고 있다. 현재에는 **Protool**을 주력으로 하는 **Mac**과 다기능을 보유한 **IBM** 호환 기종과의 싸움에 있다고 볼 수가 있는데 **Mac**의 경우는 **Close Architecture**(폐쇄구조)를 기반으로 하여 안정적인 구조를 보이는 반면에 가격이 비교적 비싸다는 단점이 있고 **IBM** 호환기종은 **Open Architecture**(개방구조)를 기반으로 가격이 싸며 대다수의 프로그램을 구현하는 범용적인 시스템을 가지고 있다고 볼 수가 있다. 우리나라의 경우 2가지 시스템이 동시에 사용되는데 음성의 경우 **Mac**을 기반으로 하는 **Protool**은 규격화가 된 관계로 주로 큰

규모의 녹음실에서 사용되고 일반 PC는 대중들에게 사용되는 이중적인 구조를 가지고 있다. 따라서 고가의 시스템은 대중에게 접근성이 떨어져 일등주의 교육으로 흐르는 안타까움도 있다. 지은이는 보통교육자로서 집안이 부자인 학생이 잘되는 것보다는 열심이 하는 학생이 잘되는 구조를 희망한다.

2. 미디어 사운드 주요사항

가. 디지털 오디오는 용량이 멀티미디어 분야 중 가장 적다. 하지만 개인 컴퓨터의 초기에는 음성 미디어가 가장 먼저 나왔고 그조차도 하드디스크의 미발달로 인해 어마어마한 용량으로 간주되었다. 모든 멀티미디어의 시작점은 디지털 사운드이다.

나. 현재는 사양길에 있는 Audio CD, 즉 음악 CD는 media의 효시이다. 그 이유로 비교적 용량이 적은 음악이 먼저 LP 레코더를 제치고 영상보다 먼저 나왔다. 한국에 있어서는 그 당시 개발도상국 중의 하나로서 고급학문의 한 분야였던 음악과 공학의 연합이며 Media의 원조인 음악공학(Music Technology)의 시대가 생략되었던 관계로 대학에서의 디지털 사운드 분야의 학문은 발달하지 않았다.

LP 레코더와 Compact Disk 사이즈 비교

다. 따라서 Audio CD의 표본추출비율(Sampling Rate)이 초당 44,100의 표본화와 2개의 채널 스테레오에 기반하고 있으므로 디지털 사운드의 효시가 되었고 이러한 샘플 비율에 따라 44,100Hz, 16bits, stereo의 포맷을 가진 **.wav를 컴퓨터에서 최초로 사용하게 되었다.

라. 또한 인터넷은 정보 교류에 있어 무시무시한 속도를 필요로 한다. 다. 항에 설명한 44,100의 표본비율은 다시금 고조파 영역의 계산을 생략한 방식의 mp3 포맷으로 변경되어 그 용량을 1/10 정도로 축소하여 스피드를 더하여 wave를 제치고 인터넷, 영상에 도입되게 된다.

마. 영상 사운드 제작은 결국 영상을 보고하여야 한다. 음성의 프로그램도 영상을 보기 위한 표준 영상도구가 필요한데 이것이 영상프로그램과 음성프로그램의 융합을 유도하게 된다. 현재로서는 영화 혹은 영상을 만들고 그 영상에다 성우의 더빙, 주변음 등 효과음의 이입, 음악 파일의 적절한 배치가 필요하며 이러한 과정을 Audio Post Production이라고 부르기도 한다. 이때 영상을 보지 않는다면 그 위치를 정확히 넣을 수가 없다. 따라서 음성을 하려고 해도 결국 영상이 필요한데 그 영상의 크기가 원본과 똑같은 크기를 유지한다면 그 용량으로 인해 속도가 저하된다. 보기 적절한 크기이며 현재의 컴퓨터 시스템에 적합한 720*480 이하면 무난하다. 또한 codec의 다양성으로 인해 현재 윈도우에서 제한 없이 사용 가능한 wmv면 문제가 없다. 영상 제작자는 당연히 사운드에 적합한 용량이 적은 영상을 주고 어떤 Codec을 상호 간에 사용하여야 하는가에 대한 주의가 필요하다.

바. 라디오 드라마는 5.1채널이 필요 없다. 현재 TV의 경우는 5.1채널로 사운드를 제작하여 방영하는 경우가 많다. 물론 이것이 가장 이상적이기는 하나 5.1채널은 엄청난 노력이 필요하다. 5.1채널을 제작하는 것은 그 자체가 어려운 테크닉을 요구하는 것이 아니라 소리의 사실감을 극대화하기 위한 정밀함을 요한다. 소리를 만드는 사람들의 이야기를 들으면 물론 농담이

지만 5.1채널 사운드를 몇 편 만들고 나면 머리가 한 움큼 빠져 있다는 농담을 하기도 한다. 라디오에서 5.1이 필요 없다는 이야기는 거의가 음악방송, 뉴스 등이어서 이러한 콘텐츠가 5.1채널일 때보다 stereo가 더 효과적이라는 이야기이다. 인간의 머리는 그다지 좋지 않아 5.1채널을 계속 듣는다면 이내 피곤해진다. 또한 5.1채널은 스피커를 4면에 위치시켜야 하는데 건축물의 구조상 케이블이 이곳저곳에 위치하여 집 안이 지저분해진다. 우리의 어머니들이 특히 좋아하지 않아 틈나면 구박하여 스트레스를 받은 진취적인 아버지들은 머리숱이 적어진다. 나는 나의 부친을 그리워하며 그분이 힘들어하실 때를 기억해 낸다. 남자의 숙명은, 그중에서도 한국에서의 숙명은 참으로 피곤하다. 한국의 아버지들 기운 내자!

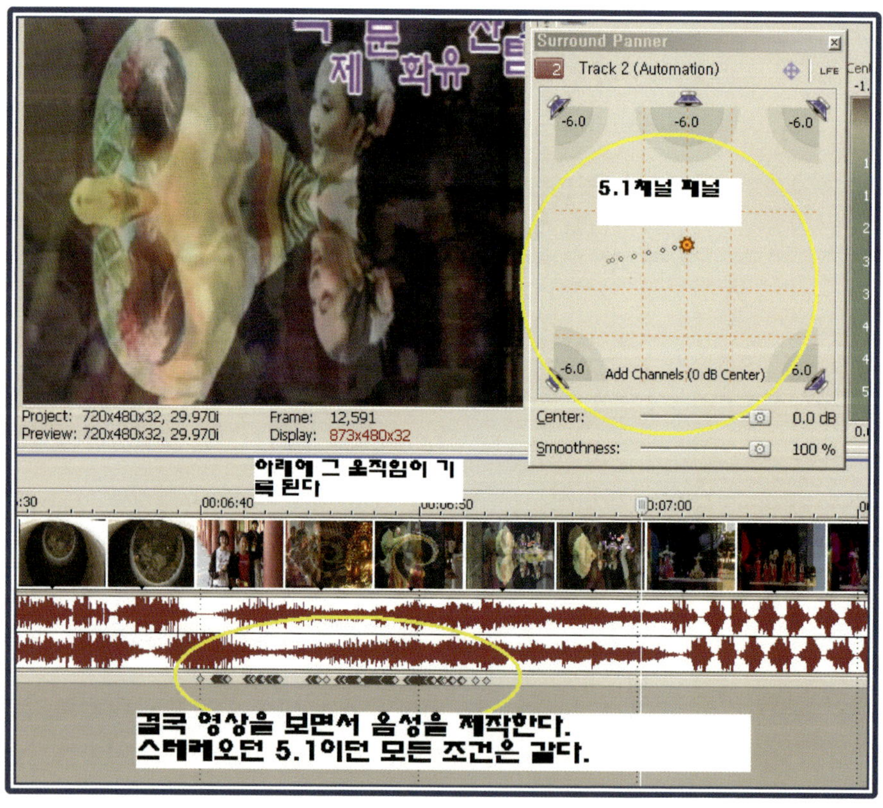

사. **영상 사운드, 라디오 드라마 제작, 광고 사운드 등 모든 사운드의 사용(혹은 제작) 방법에는 특정한 법칙이 없다.** 테크닉적인 몇 가지의 방법 외에는 거의가 추상적인 감각에 의존하여 만들어지는 것들이다. 따라서 영상 사운드를 만들기 위해 어떤 그 무엇을 꼭 해야 하거나 라디오 드라마를 만들기 위한 사운드의 방법에 대한 구별은 없다. 따라서 그것이 있는가라는 의혹을 가지고 있다면 차라리 철학을 공부하라고 권장한다. 가장 좋은 방법은 내가 영상 혹은 대본이 요구하는 환경을 소리를 통해 충분히 표현하였는가를 생각해 보고 다른 사람에게 자신의 작품을 들려주고 감상을 들어 보자. 즉 자신을 표현하는 데 얼마나 더 잘하는가 이것이 생명이다.

3. 컴퓨터상의 Volume control(볼륨조정) 다루기

라디오 드라마 제작은 사운드를 배우는 가장 초보적인 분야이지만 제대로 배운다면 라디오드라마, 라디오광고제작, 음성편집 등의 듣기만을 위한 콘텐츠 제작은 물론 영상 사운드조차 쉽게 만들어 버린다. 전반적으로 사운드를 배우는 것은 영상보다 어렵지만 사운드를 쉽게 처리한다면 차후 영상제작 분야의 접근은 어느 누구보다도 쉽게 진출할 수가 있는 특성을 지니게 된다. 이번 내용은 컴퓨터에서조차도 갑자기 소리에 문제가 생겼을 때 대비하는 가장 기본적인 문제를 다룬다.

가. 컴퓨터로 녹음이 안 될 경우
나. 녹음을 했는데 잡음이 많이 들어간다.
다. 어제까지 나오던 소리가 동생이 한 번 만지고 난 뒤에는 소리가 나오지 않는다.
라. 왜 5.1채널로 소리가 안 나오는 걸까?
마. 음에 이상한 찢어지는 소리가 혼합되어 있다.

바. 오래된 카세트, LP레코더, 릴테이프 등의 아날로그를 입력시켜 디지
털로 복원시켜야 하는데 도대체 어떻게 하여야 하는지 감이 안 잡힌다.

상기의 이유로 많은 사람이 고민한 것을 이미 알고 있다. 결국 이 모든
것은 믹서의 개념이다. 이것의 컴퓨터상 위치를 정확히 알고 진도를 나가자.
윈도우들에 대한 볼륨조절의 위치는 공히 같다.

가. 재생 컨트롤(Play control)

상기의 볼륨조절을 클릭하면 아래와 같은 믹서가 나온다.

1) 재생 컨트롤과 그 기능들

어떤 경우에 갑자기 컴퓨터에서 소리가 빠져나오지 않는다. 어떻게 할 것
인가. 케이블이 서로 복잡하게 연결되어 너무 복잡하여 숨이 막히는 경우도
5.1채널에서 종종 일어난다. 하기의 믹서의 종류는 각 컴퓨터마다 다른 사
운드카드를 가지고 있어 종류가 적게 나오는 경우도 많다.

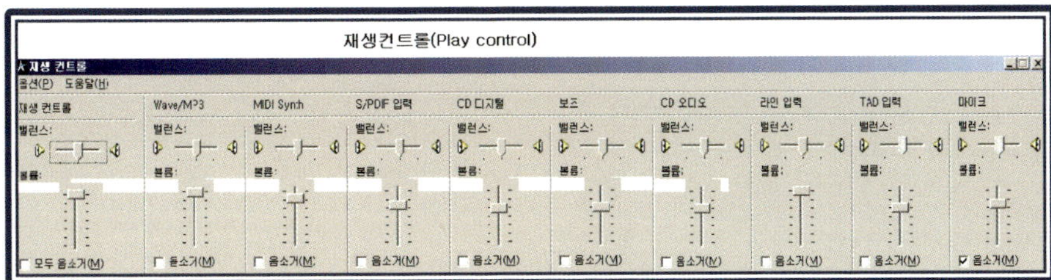

a. 소리가 나오지 않는다면 먼저 재생 컨트롤을 열고 어딘가 음소거(M)가 선택되지 않았는가를 알고 이를 해제하자.

b. 마이크를 사용하지 않을 경우에는 가급적 마이크에 음 소거(Mute)를 해 놓자. 왜냐하면 소리가 간섭되어 좋지 않은 결과가 나올 수 있다.

2) 그 주요기능

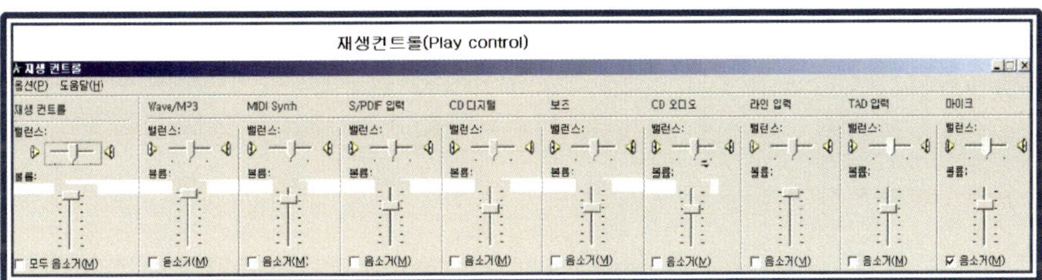

a. Wave/Mp3: 컴퓨터 자체 내의 음성전용 파일 주로 음악과 음성만을 듣는 기능이다. 영상이 포함되어 있지 않다. 영상과 같이 있을 경우에는 영상에 필요한 encoding이 된다. 현재까지 기본이 되는 음성파일은 wave이지만 최근 들어 용량이 적은 mp3 codec이 더 많이 사용되고 있다.

b. midi synth: 음악적인 프로그램인 MIDI(Sonar, Cu－base, Finale 등)를 듣기 위한 codec이다. MIDI로 제작된 음악만을 위한 파일은 용량이 아주 적다. 이 midi file은 영상에 그대로 사용할 수가 없는데 다시 자체의 녹음 기능을 사용하여 녹음하면 wave format 혹은 mp3 포맷으로 바뀐다. 이를 영상에 사용하면 된다.

c. SPDIF: Sony와 Philips사 규격의 디지털 입출력의 규격으로 주로 5.1 채널(혹은 6채널)로 디지털 신호를 내보내거나 압축된 ac3 codec의 디지털 신호를 출력시킨다. 외부 디지털 코덱을 수용하는 5.1채널 스피커의 연결에도 사용한다.

d. CD Digital: 컴퓨터 자체의 CD와 외부 CD와의 입력을 의미하지만 이미 프로그램 자체에서 디지털 추출이 가능하여 별로 사용하지 않는다.

e. 보조: Aux를 의미하는데 라인 인과 같은 특성을 가지고 있고 별로 사용하지 않는다. 과거에는 TV 튜너, MPEG 카드 및 외부장치와 내부 오디오 소스를 연결한다.

f. CD 오디오: 장착되어 있는 CD-Rom의 볼륨조절에 주로 사용된다. CD의 음이 나오지 않는다면 이것에 Mute되었을 가능성이 많다.

g. Line in: 아날로그 방식의 기자재로부터 나온 음성을 입력시키는 기능으로서 주로 카세트, 디지털 기자재의 아날로그 출력을 입력시키는 수단으로 많이 사용되었으나 지금은 많이 사용되지 않고 있다. 카세트 혹은 릴 테이프 등의 복원작업용으로 많이 사용되었다.

h. Tad in: 자동전화응답 장치연결구로서 표준음성 모뎀과의 1개 채널(Mono) 연결이 가능하고 마이크의 음성 신호를 모뎀에 전송할 수 있다.

i. Mic in: 마이크로 녹음 시 많이 사용된다. 학생들은 거의 컴퓨터를 한 개만 가지고 있어 그 컴퓨터 하나로 모든 기능을 다 수행하여야 한다. 소형 마이크를 사용하여 음성 녹음에 사용된다. 약간의 증폭이 되어 있는데 볼륨 조절을 제대로 하지 않으면 입력된 소리가 좋지 않다. 이 기능을 사용 시 필히 연습을 몇 번 거쳐 좋은 소리가 녹음되게 하자.

나. 녹음 컨트롤과 그 기능들

1) 녹음 컨트롤을 찾기 위해서는

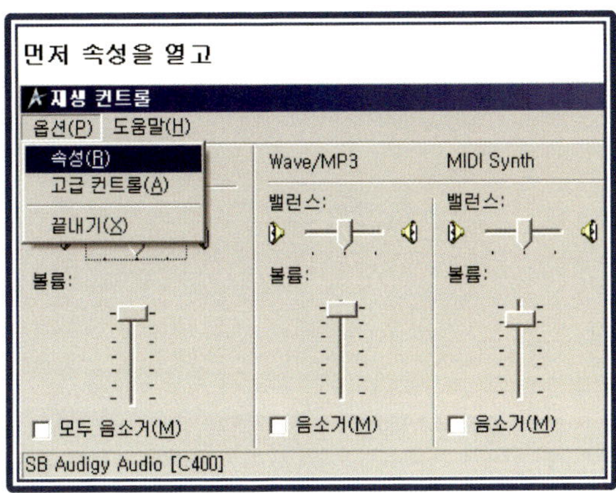

2) 녹음을 선택한다

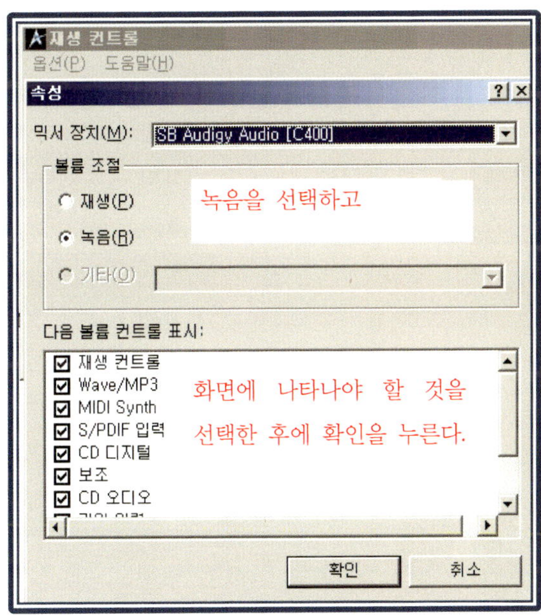

3) 필요한 부분에 다시 체크를 한다

하지만 가급적 '들리는 내용(what you hear)'에 체크를 해 놓으면 마이크이나 CD 혹은 Midi가 현재 들리는 소리를 녹음하게 된다. 들리는 내용이 없다면 정확하게 해당 사항에 체크한다.

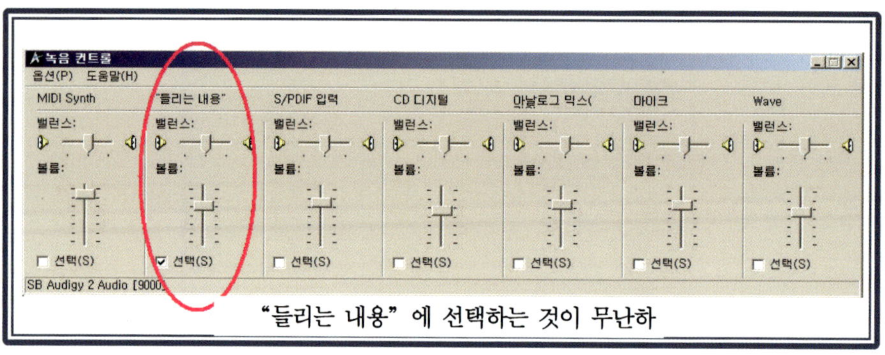

마이크를 선택하는 경우가 가장 많으리라 생각되는데 마이크 선택 후 볼륨조절의 레버를 필히 적당한 위치에 놓고 음성프로그램으로 몇 번의 테스트 후 좋은 지점을 찾아 녹음한다.

4) 녹음 시 문제가 없는데 잡음이 난다면 그 이유는 아래와 같다

a. 마이크의 단자가 잘못 접촉되어 있다. 정확하게 다시 꼽는다. 하지만 빈번한 단자의 접촉으로 인해 연결부가 파괴되어 있다면 처리가 불가능하다. 사운드카드가 독립되었다면 바꾸면 되지만 메인보드의 사운드 칩셋이라면 아쉬운 작별을 해야 한다. 다른 컴퓨터를 사용하여야 한다. 또 머리 빠진다.

b. 일반적으로 컴퓨터가 사용하는 단자는 작은 단자이나 많은 사람이 큰 마이크의 잭을 작은 것으로 바꾸어 주는 어댑터를 사용하고 있다. 작은 사운드카드에 반해 그 무게가 지나쳐 접촉이 안 좋을 수 있다.

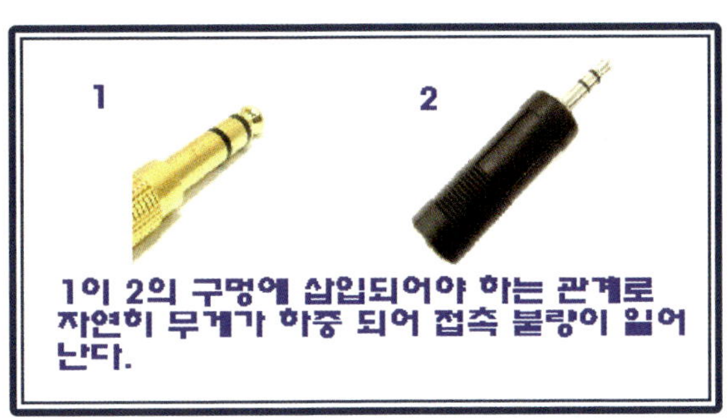

c. 마이크의 볼륨조절이 지나치게 높게 되어 있다면 게인(Gain)이 많아져 음이 찌그러지고 그 찌그러진 부위가 잡음으로 재생될 수가 있다.

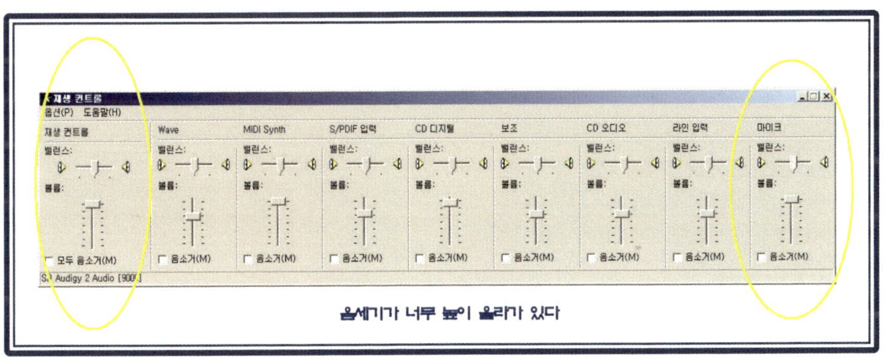

d. save와 save as 혹은 간혹 재부팅의 필요성: 컴퓨터를 지나치게 많이 사용하여 프로그램이 엉켰을 수가 있다. 이때는 컴퓨터를 재부팅시킨다. 하지만 항상 save하는 습관을 가져야 한다. 어떤 학생들의 문제점은 하루 10시간이고 20시간이나 죽자고 하고 소신인 것처럼 절대 save를 하지 않는다. 어느 순간 파일이 사라졌을 때 결국 슬픈 눈빛을 하며 종내에는 겨울 황야의 울부짖는 늑대의 아픔을 느낀다.

e. 소리는 분명히 모니터링되었는데 녹음이 안 되어 있다면 볼륨조절의 대상이 잘못 선택되어 있다. 다시 볼륨조절을 열고 정확한 선택을 한다.

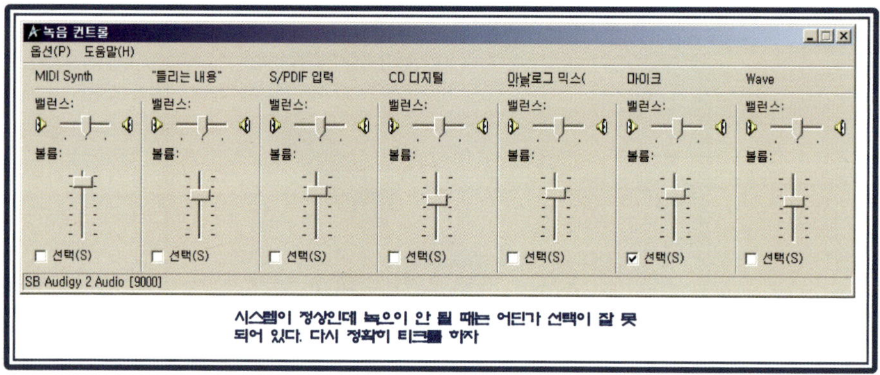

f. 재생 컨트롤 및 녹음 컨트롤에 문제가 없을 때 소리가 나오지 않는다면 그 가능성은 디지털 출력만 가능하게 선택되어 있을 수가 있다. creative 사의 사운드카드를 예로 들면 아래와 같은 방법으로 해결하기를 바란다.

- 바탕화면의 시작 줄에 있는 해당 사운드카드의 볼륨조절을 선택

- 아래의 순서에 따라 해당 내용에서 확인한다.

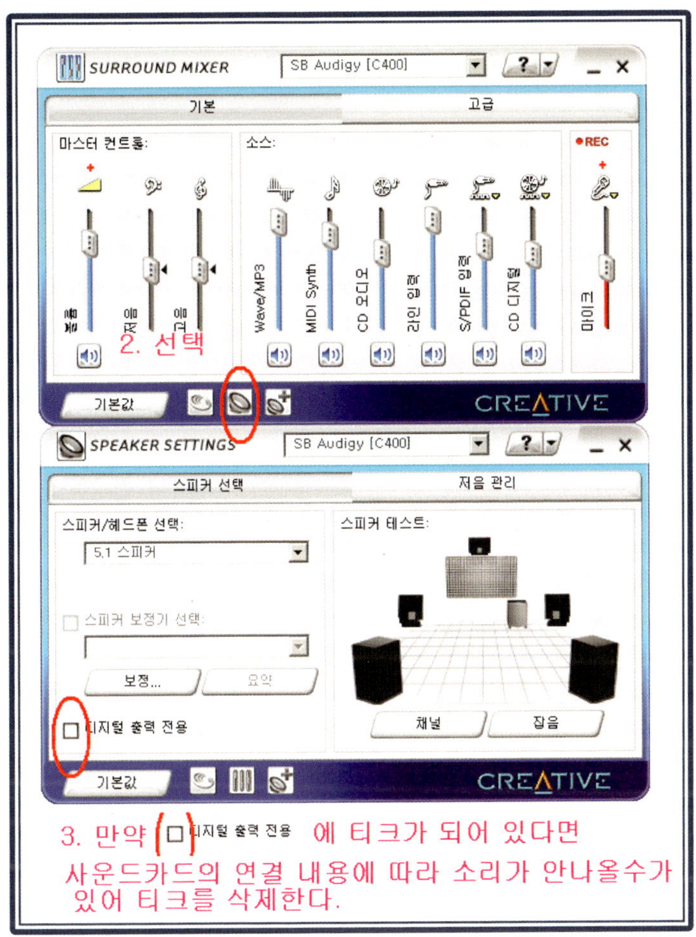

원리는 단순하지만 상당히 귀찮은 과정이다. 기계에 대해 어두운 학생은
이 부분에서 많은 어려움을 겪게 된다. 여러 가지 기능을 선택한 후에 소리
가 나오는지 안 나오는지 비교를 해 보고 또한 마이크를 사용하여 자신의
컴퓨터와 사운드 편집 프로그램의 녹음상태를 익혀 놓자.

라디오 드라마, 영상 사운드 제작 특성 및 사운드 직업군

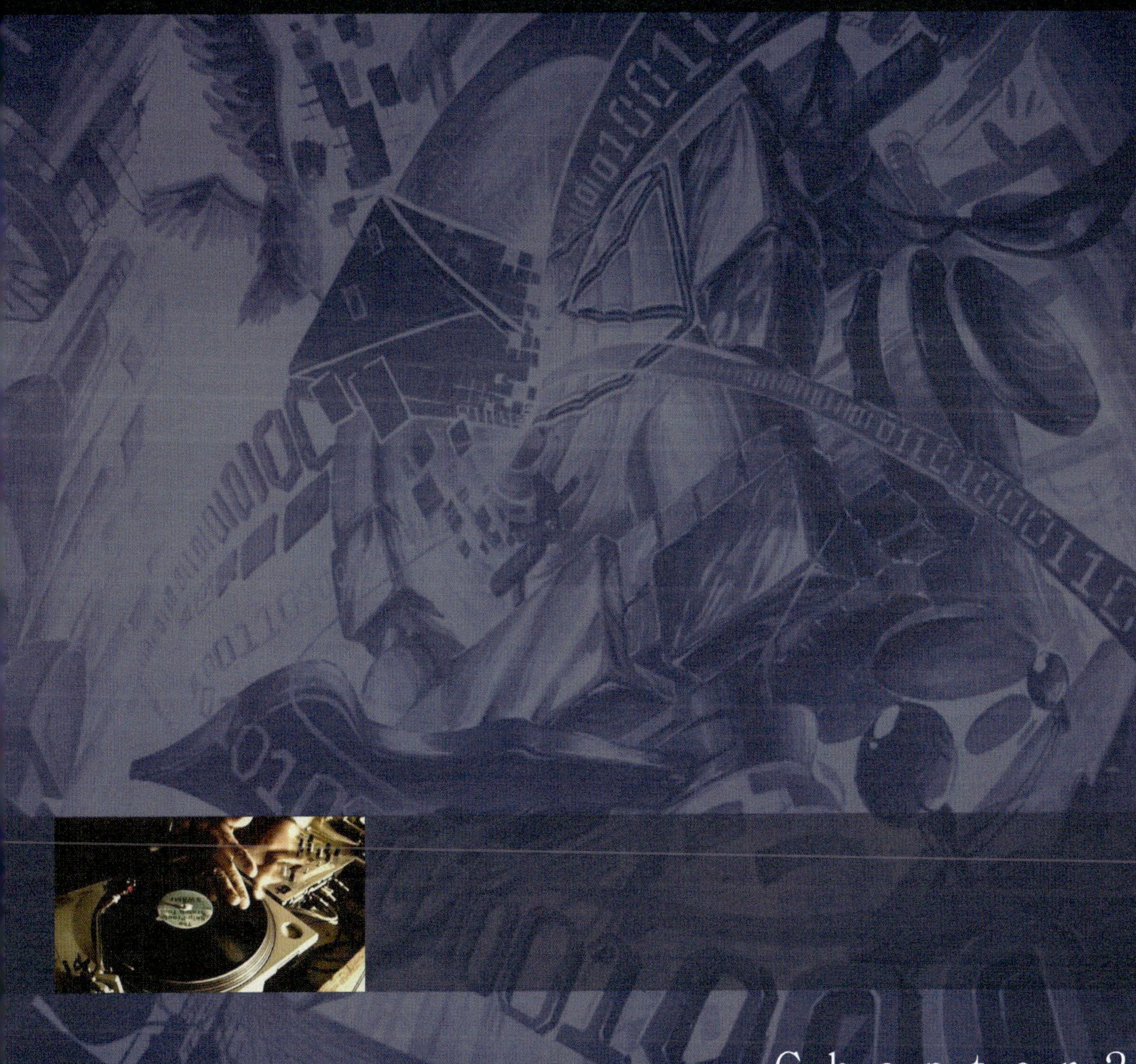

Chapter2

1. 라디오 드라마의 역사

가. 원래 Audio Play, 라디오 플레이어라 불리었으며 라디오방송극으로
우리나라에서 사용되었는데 청각매체 중 특히 과거에 TV 이상으로 애용되
었던 라디오를 많이 사용하였다.

나. 그 이외에 녹음 매체를 사용하여 라디오 방영을 다시 듣는 효과 즉
LP 레코더, Reel tape, Cassette에 보존하기도 하였다.

다. 인간의 언어(대화(대사), 내레이션(해설), 독백 등)와 현장 혹은 현재의 분위기를 알려 주는 효과음과 감정을 잘 표현하는 음악의 3요소를 조화시켜 문학적인 감동을 주는 장르이다. 참고로 음악의 3요소는 리듬, 가락, 화성이다.

라. 첫 번째 라디오 드라마는 1924년 영국의 휴즈에 의한 '탄갱의 안'인데 폭발소리, 탄갱의 쪼르르 흐르는 물소리 등으로 환경 묘사, 대사로써 인간의 심성을 표현하고 음악과 합창을 사용한 라디오 드라마이다.

마. 우리나라에서는 그 전성기가 1960년경으로 KBS의 '또순이(金熙昌 작, 1962년)', '남과 북(韓雲史 작, 1965년)'이 있다. 그 당시에 라디오는 아주 고가품이어서 한 동네에 겨우 1개가 있었다. 그 라디오와 연결한 확성기가 각 집마다 달려 있었는데, 사람들은 여름이나 겨울에 옆집에 마실을 가구운 고구마를 먹으며 라디오 드라마를 들었다. 드라마를 들으면서 '저 썩을 놈이' 하면서 분개하는 동네 사람들, 혹은 중계 등을 경청하는 사람들이 많았다. 이러한 달콤한 경험이 지은이에게도 있다.

2. 라디오 드라마의 제작과 효과음

기술적인 영역은 기본영역 후에 다루기로 하고 라디오 드라마는 일상의 생활을 그대로 반영하기 때문에 누구나 쉽게 접근이 가능하다. 그 시사성은 희곡을 쓰는 사람과 라디오 연출자의 연출, 출연자의 사실적이며 극적인 묘사와 주변을 나타내는 효과음, 장면 혹은 현재의 분위기를 더욱 강렬하게 묘사하는 음악의 혼합에 있다고 할 수 있다.

가. 효과음의 사용 중 가장 많이 사용하는 것은 이동수단의 방법인 발자국 혹은 운송수단인 마차, 차량, 비행기 등의 소리이다. 발자국의 예로 급할

때는 빠른 걸음, 또는 천천히 걷거나 함으로써 감정의 변화를 암시하고, 혹은 신발 재질, 황톳길, 눈길 등의 주변 환경에 대한 표현이 가능하다.

나. 효과 중 발자국 다음으로 사용하는 것은 옷 소리, 액션소리이다. 액션의 옷 소리, 부스럭거리는 옷 소리 등은 청취자의 상상을 불러일으킨다. 또한 싸움을 할 때의 주먹이 나가는 소리 등도 많이 사용된다. 이러한 의류의 소리, 액션의 소리는 실제보다는 과장된다.

다. 환경을 나타내는 소리들은 술집, 군중, 스포츠, 거리의 풍경, 산, 바다 등 여러 가지이다.

라. 계절적 요인을 암시하는 소리로는 봄의 종다리, 뻐꾸기 여름의 매미, 여치, 가을의 귀뚜라미, 겨울의 부엉이 등이 있다.

3. 라디오 드라마의 제작과 효과음악(Music Effect) 및 배경음악 (Back Ground Music)

배경 음악은 전체적인 분위기를 이끌고 음악효과는 그 소리의 특성으로 효과음 못지않게 분위기를 암시 전개할 수 있다. 배경음악은 전반에 걸쳐 흘러나오지만 음악효과는 비교적 짧은 시간 내에 연주된다.

가. 시그널음악, 배경음악은 다음 장면의 선도 역할을 할 수가 있다. 신나는 음악은 당연히 신나는 장면의 묘사, 슬픈 음악은 슬픔을 묘사한다. 또한 반대의 방법도 사용할 수 있다. 따라서 배경음악을 사용하는 데에는 적절한 음악감독의 적절한 배치가 있어야 한다. 음악을 선곡하는 방법은 많은 음악적인 지식을 필요로 하는데 음악대학에서는 교과목인 '음악 감상' 등을 통

해 다양한 음악적인 감상지식을 접할 수 있다. 하지만 저작권법을 저촉하지 않도록 조심하자.

나. 배경음악을 사용 시 절대적으로 음악의 소리가 너무 커서 대사가 파묻혀 버리는 오류를 범해서는 안 된다. 믹싱의 과정 중 음악과 대사의 균형(Balance)이 맞지 않아 대사가 불분명하게 만들어 버리는 오류가 초보 제작자의 가장 큰 문제점이다.

다. 배경음악은 또한 대사와 대사 사이, 장면전환 등에 있어 상호 간을 서로 자연스럽게 연결하는 이음매 혹은 접착제의 구실을 한다.

사운드 제작자는 완성 후 일반인들이 사용하는 모니터로 소리를 청취하여야 하지 지나치게 좋은 스피커로서 청취하지 말아야 한다. 좋은 스피커는 당연히 음악적으로 좋은 주파수 반응을 보여 일반인들이 가지고 있는 스피커보다 더 많이 들을 수 있지만 일반인들의 스피커는 저급하다. 일반인들이 듣는 수준의 스피커로 최종 제작된 사운드를 경청하자.

4. 영상 사운드 제작

영상 사운드의 제작은 실제로 라디오 드라마 제작의 기반을 바탕으로 과학의 발전과 함께 진일보한 것이다. 그 기본 개념은 같지만 라디오 드라마의 음성만을 위한 방식은 인원동원 및 음의 픽업이 라디오보다는 현장을 중심으로 일어나는 음의 픽업에 더 많은 시간을 할애하여야 한다. 따라서 현장에서 발생하는 음의 픽업이 아주 중요한 분야로서 인식되어 영화현장, TV 녹화, 중계방송에서의 현장감 등의 모든 분야에 필요로 하고 있다. 따라서 영상을 위한 사운드를 직접 실험실에서 제작하는 한 분야(후시녹음)와 현장음을 직접 수음하는 분야(동시녹음)의 직업군이 형성되어 있다.

가. 동시녹음: 현장에서 대사 혹은 효과를 수음하는 데 주로 콘덴서 마이크를 사용하는데 배우의 가까이 갈수록 수음 비율이 높아지나 화면에 마이크가 나올 경우가 많아 조심하여야 한다. 특별한 전문적인 지식보다는 감각과 무거운 붐을 들 수 있도록 지구력이 필요한 분야이다. 동시녹음이 좋을수록 후반부 작업이 쉬워지지만 주변음의 방해음으로 인해 실내일 경우를 제외하고는 상당히 불요한 소리를 차단하는 데 항상 문제점을 가지고 있다. 따라서 현장음의 픽업보다는 어떻게 하면 대사를 좋게 픽업하는가에 사활이 걸려 있다. 방해음 중 자동차 소리가 가장 해결하기 어려운데 지은이의 경험으로는 시간이 넉넉하다면 후시녹음을 권장한다. 동시녹음은 가장 막내 격이면서 붐 대에 연결된 마이크의 라인을 들고 다니는 'Line man'과 콘덴서 마이크가 장착된 붐 대를 들고 다니는 'Boom operator'와 믹서를 담당하는 '동시기사'로 나눌 수가 있다.

나. 후시녹음: 동시에서 완성하지 못한 소리를 스튜디오에서 녹음하는 과정이다. 주로 대사가 필요한 부분을 녹음한다. 그 외에 효과음을 녹음하는 경우도 있지만 이미 효과 샘플의 발달로 거의 모든 스튜디오에서는 필요한 효과를 보유하고 있어 그 효과음들을 영상을 보면서 필요한 시간대(Timeline)에 끼워 놓으면 된다. 후시녹음은 결국 대사 녹음은 물론 폴리(Foley)작업을 겸하는 기능도 가지고 있는데 현재의 방송국 시스템은 사운드 파트는 완전히 독립하여 방송국의 하청업체의 성격을 가지고 있다.

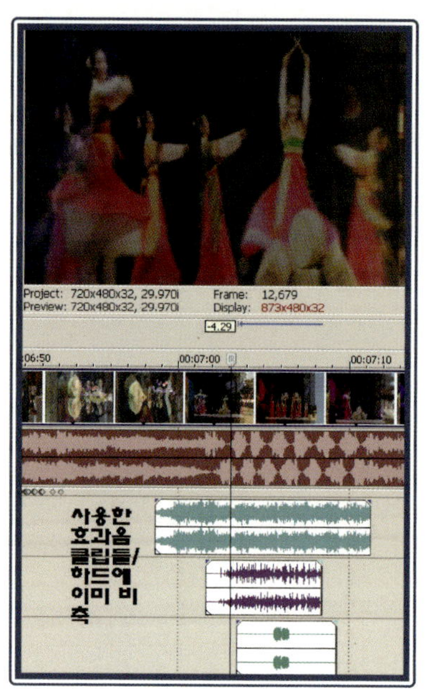

다. 폴리작업(Foley): 일반적으로 바쁜 상황에서는 후반작업의 사운드 클립을 영상에 맞게 집어넣는 방법은 사용할 수가 없다.

예를 들면 애니메이션의 경우 모든 사운드를 전부 만들어야 하는 관계로 현실감을 주기 위해서는 직접 소리를 만들어 넣어야 한다. 그중 발자국 소리가 가장 필요한데 폴리 아티스트 혹은 초보자라도 영상을 보면서 직접 발자국 소리를 내면서 사운드 동기화를 맞춰 알맞은 소리를 만든다. 구태여 이미 자료화(디지털 파일)되어 있는 발자국 소리를 쓰면 되는데 구태여 Foley가 필요한 이유는 파일을 직접 불러 쓰는 것보다 시간이 절약되기 때문인데 Foley Artist가 즉석에서 영상을 보면서 발자국, 옷 소리, 액션소리를 만들어 넣는 것이 시간을 절약하기 때문이다.

라. 영상음악 작업: 영상 사운드 제작자의 직업이 분화되어 영상음악 작곡자가 따로 있는 경우가 많지만 또한 음악가가 영상 사운드 제작자가 된 경우도 많다. 그들은 즉각 영상을 보면서 MIDI 혹은 Csound 혹은 반복적인 음악 제작이 가능한 Acid 등과 같은 프로그램 등을 사용하여 제작하기도 한다. 따라서 이것을 새 분류로 놓기도 하지만 결국은 여러 가지 기능을

가진 사운드 디자이너의 역할로 본다. 또한 영상음악의 제작에 있어 제작비의 비중에 따라 오케스트라 전부를 사용하여 녹음 혹은 실내악단의 사용, 혹은 작은 경비로 인해 일인 다역의 컴퓨터 사운드(음악)를 쓰기도 한다.

5. 기타의 사운드 작업 및 직업군

가. SR/PA 분야

이 책에는 그 내용을 기술하지 않지만 사회에서 많이 필요로 하는 SR(PA) 분야가 있다. 주로 대중 앞에서 공연하는 음악 활동, 강연 활동에 많은 주안점을 두고 있으며 사운드 분야에서는 불황을 모르는 업종이기도 하다. 육체적으로 약간 고될 수도 있지만 은근히 수입이 짭짤한 숨어 있는 직업군이다.

나. 애니메이션 사운드, 게임 사운드, 광고 사운드 분야

영상 사운드, 라디오 드라마, 광고 사운드, 애니메이션 사운드 등 사운드의 어떤 종류이든 거의 같은 맥을 가지고 있다. 음악적인 지식이란 많은 악곡을 알고 있다면 이미 기본의 개념을 가지고 있다고 볼 수가 있다. 그냥 모든 사운드는 같다. 민감한 자가 더욱 섬세하고 민감하게 잘 만든다.

다. 음반제작/녹음 분야

전문화하여 오케스트라의 녹음, 연주단체에 대한 녹음을 통한 음반제작에 포커스를 두는 단체이다.

라. 영상 사운드 제작 분야

특별히 다른 과정을 가지고 있지 않지만 극영화를 지원하기 위한 전문적인 사운드 방법이다. 디지털의 경우 어떠한 영상 프로그램 혹은 연동하는 사운드 프로그램을 써도 무방하지만 고가품은 Mackintosh 컴퓨터와 Protool의 소프트웨어를 사용한다. 영화진흥공사의 Audio Post Production의 전문 스튜디오가 여기에 속한다. 일반 녹음실에서도 물론 지원이 가능하지만 극영화를 지원하기 위해서 가장 중요한 것은 인맥이라고 사료된다.

마. 교육기관, 공연장의 관리직원

각급 학교에서는 자체의 방송실, 극장, 강당을 가지고 있어 이러한 시설에 대한 방송, 영상, 음향 시설이 필요하다. 따라서 관리자로서 직원 채용을 필요로 하며 학교 선생님이 제공하지 못하는 음향과 영상의 지식을 제공할 수가 있다. 따라서 이러한 분야에는 직원은 별정직 공무원으로서의 특별채용이 빈번하고 교원으로서는 미디어 교사의 자격을 필요로 한다. 대체로 영상과 음향의 통합이 무난하다. 학교 외에 예술의 전당, 국악연주장, 극장, 공연장으로의 직업군이 형성된다. 2009년 공주영상대학의 음향제작과에서는 영광스럽게도 두 사람의 별정직공무원이 탄생하였다.

바. 상급학교의 진학과 융합과정

국내의 사운드 전문으로서 교육기관으로는 공주영상대학 음향제작과, 김준 교수의 동국대학교 멀티미디어 대학원의 컴퓨터음악전공, 상명대학교 Music Technology, 수원대학교 Music Technology 대학원, 정의필 교수의 울산대학교 정보통신공학부의 사운드 관련 전공, 박철홍 교수의 동아대학교

실용음악 관련이 가장 앞서고 있다.

해외의 경우는 석사학위과정 이상의 최초 설립인 영국의 Univ. of York, 미국 New York University. Music Technology의 60여 개 교, 그리고 녹음과정이 강화된 Audio Engineering 과정 40개 교 정도가 있다. Music Tech의 종류는 공학이 강화된 교육과정을 운영하고 Audio Engineering은 음악이 강화된 교육과정을 특색으로 하고 있다. 이러한 교육과정은 공학 등과 만나 융합과정을 운영하고 프로그래밍으로까지 진출하며 영상과의 조우를 계획하고 있다.

Chapter 3

기본 하드웨어들

Chapter3

이 단원은 주로 사운드 제작을 위한 하드웨어를 중심으로 구성되어 있다. 학생을 가르치다 사운드카드 혹은 오디오카드와 이의 호환 분야 등에 대한 다각적인 어려움을 이 장을 통해 서술하고자 한다. 우선 조언을 던지자. 일반적인 사운드 편집, 예를 들면 애니메이션에 대한 음성제작, 게임사운드 음악제작, 학생들의 단편 비디오 영화 같은 것은 이미 메인컴퓨터에 장착된 사운드 칩을 통해 충분히 소기의 성과를 거둘 수가 있는데 지나치게 비싼 오디오카드 혹은 Mackintosh의 Protool 구입에 열을 내지 말고 현존하는 사운드카드로 충분히 능력을 발휘할 수 있음을 인지하자. **영상과 달리 사운드는 그렇게 비싼 장비를 필요로 하지 않는다.** 경험을 통해 최소한의 장비를 사용하기를 권장하고 싶다. 사운드 처리는 결국 사운드 칩이든 CPU를 통하든 일단 들어온 소리는 무조건 디지털 신호 처리로 결정이 난다. 디지털은 같을 수밖에 없지 않는가.

1. 컴퓨터를 사용하는 음성편집의 분야

가. 음악 편집: 필요한 음악을 적당한 크기 혹은 필요 부분을 자르기 위해 필요하다.

나. 효과음 편집: 바람소리, 새소리, 물소리, 폭탄 등 많이 사용되는 효과음의 편집에 사용한다.

다. 대사 더빙이 필요한데 과연 무엇으로 녹음하려는가. 그냥 Wavelab을 사용하여 컴퓨터의 사운드 입력을 통해 녹음하여 사용할까 아니면 약간 더 고급인 오디오카드를 통해 Wavelab에 녹음할까?

라. 녹음된 음성에 대한 잡음제거, 잔향처리, 필터링, 스테레오화, 모노화 등 처리가 필요하다.

마. 음반제작 등에 사용(결국 mastering): 즉각 Audio – CD(음악 CD)를 만들 수 있다.

바. MIDI는 컴퓨터 음악의 가장 상업적인 분야이다. 아직 영상에 midi를 그냥 쓸 수가 없는데 midi format을 다시 wave format 혹은 mp3 format 등으로 바꾸는 데 필요하다. mp3, wave의 오디오 포맷은 다시 라디오 드라마, 영상음악 등으로 사용되는 포맷이다. 이 format에는 5.1채널로 제작하는 방식도 포함된다.

2. 컴퓨터 메인보드의 '사운드 칩' 혹은 '사운드카드(오디오카드)' 사용

이미 저가의 사운드카드는 물론 메인보드 장착의 사운드카드를 통해 녹음이 가능하다. 물론 사운드 칩 혹은 별도의 PCI 슬롯에 꽂힌 사운드카드를 사용한다면 아주 전문적인 것을 제외하고는 모든 분야가 가능하다.

물론 음악을 제작하는 MIDI는 물론 CSound까지 가능하다.

3. 마이크

그 가격대가 2,000원부터 수백만 원까지 올라간다. 그냥 시중에 흔한 멀티미디어 마이크 혹은 1~10만 원 정도의 다이내믹 마이크를 권장한다. 다이내믹 마이크는 음세기의 확장이 없어 무차별적으로 음을 빨아들이지 않아 값비싼 스튜디오 환경이 필요 없다. 지은이의 학생 중에서도 대한민국 영상제에서 사운드카드의 3,000원짜리 마이크로 애니메이션에 대한 음성을 제작하여 특별상을 받은 경력이 있다. 대사는 물론 음악도 저급한 사운드카드를 사용하였다. 물론 욕심부리면 끝도 없고 항상 겉멋만 들어 있는 사람은 장비타령만 하다가 아무것도 못 하고 새벽이 온다. 항상 남의 떡이 더 커 보인다.

마이크 사용 시 가장 주의할 것은 치찰음(소리보다는 강한 바람이 발생하여 그 바람소리가 음성 대신 마이크의 진동판을 자극하여 생기는 잡음)을 막기 위해 '윈 스크린', '팝 필터' 혹은 최소한의 '스펀지', 신던 '스타킹' 등을 부착하면 비교적 치찰음으로부터 자유스러운 좋은 음성을 녹음할 수가 있다.

4. 5.1채널 스피커

　현존하는 사운드카드군의 대다수가 5.1채널을 지원함은 물론 메인보드에 장착된 사운드 칩조차도 이를 지원한다. 5.1채널이라는 것은 출력이 6개가 나간다는 것이지 입력이 5.1채널 혹은 6채널의 의미는 아니다. 따라서 모노 (한 개의 음성 파일)든 스테레오(각각 다른 모습의 모노 2개)든 프로그램에 따라 방향성을 지정하여 음성을 제작할 수 있다는 것이다. 과거에는 음성만 가능하여 Dat, MD, ADAT 등의 장비를 사용하여 다중 채널의 음성을 출력 가능하게 하였지만 최근의 매체의 발달로 인해 누구나 저렴하게 컴퓨터를 사용하여 다중채널의 음성 제작이 가능해졌다.

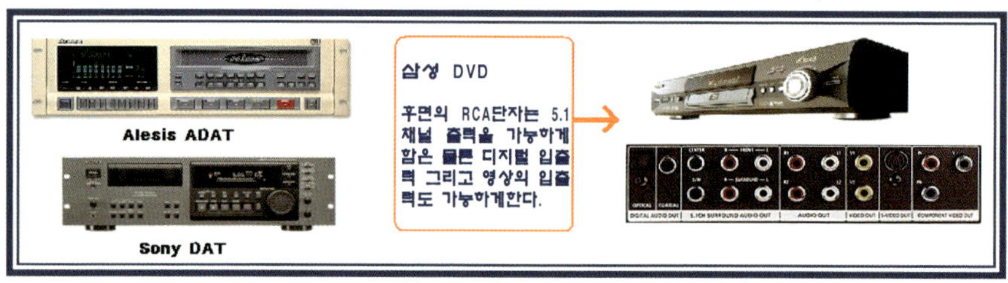

　5.1스피커는 기존 2채널 방식의 스테레오에서 벗어나 좀 더 입체감(방향성) 있는 소리를 듣고자 함인데 가정에서는 스피커의 설치가 어렵기는 하여도 이미 저가의 가격을 구성하여 컴퓨터 혹은 DVD와 결합하여 입체감 있는 소리를 대중과 결합하였다. 또한 DVD 가격의 저렴화로 인해 비싼 ADAT이나 DAT를 사용하지 않고도 자신이 만든 움직이는 소리를 충분히 재현 가능하게 된다.

　　5.1채널을 제작하기 위해서는 당연히 컴퓨터 이외에 5.1채널 스피커 혹은 이에 준하는 5.1채널 헤드폰이 필요하다. 5.1채널을 제작하는 codec은 차차 공부하기로 하자. 첨가할 것은 컴퓨터에서 디지털 단자와 스피커의 디지털 단자가 있고 디지털로 공유하면 더 나을 것같이 보이나 어차피 메인서브에서는 아날로그로 나가는바 학생들은 이런 decoder로 인해 비싼 스피커보다는 용량이 큰 sub－woofer를 권장한다.

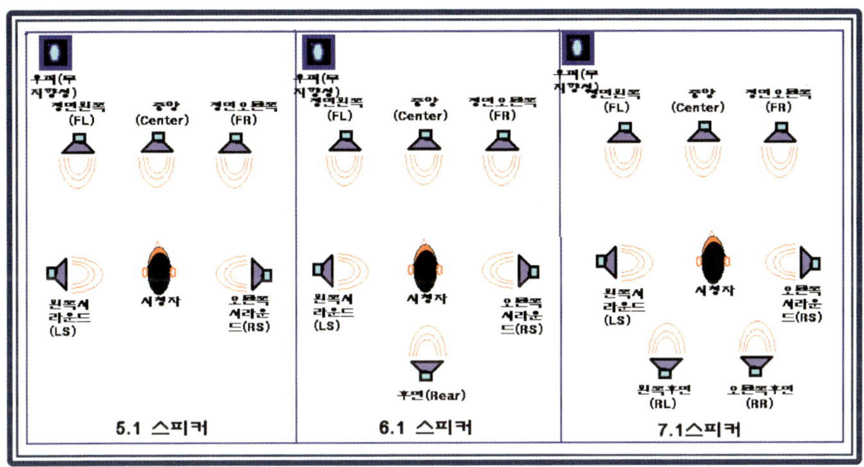

서라운드 시스템의 스피커 위치 배치

5. 각종 케이블

　　이 기회에 필요한 케이블 정도를 구입하는 방향으로 하자. 교육현장에는 장비는 있어도 케이블이 없어서 못 하는 경우도 많다. 많이 사용하는 케이블을 살펴보자.

6. Soundcard와 Audiocard

Wavelab은 어느 Soundcard를 사용하여도 호환이 되는 프로그램이다. 사운드를 조금씩 운용하다 보면 녹음 및 대사더빙에서 약간의 보완이 필요하다는 생각을 가질 수 있다는 생각에 Audiocard를 조금 더 소개하기로 한다. 현재는 Soundcard도 좋은 품질을 가지고 있지만 전문성에 대해서는 Audiocard에 비해 다소 떨어진다. 그러나 범용적인 특성으로 인한 호환성과 5.1채널 출력의 편리성 Midi 음원이 들어 있어 별다른 음원모듈 없이도 음악을 만들 수 있다는 경제성이 있다. 또한 외부 게임기의 joystick과 연결할 수도 있고 미디 건반과도 연결이 가능하다는 것이다. 현존하는 사운드카드 중 Audigy 등은 Audiocard에 못지않은 녹음과 재생능력을 가진 것도 있다. 이에 반해 Audiocard는 midi 음원이 들어 있지 않아 새로운 음원이 필요하고 또한 가격이 비교적 비싸다는 단점을 제외하고는 녹음 및 재생능력이 탁월하다고 할 수 있다. 또한 사운드카드가 2개의 채널을 입력 수단으로 하지만 Audiocard

는 그 이상의 채널을 동시에 수용 가능하다는 것이다. 예를 들면 연주회에서 여러 가지의 악기가 동시에 연주된다면 이를 각각의 채널에 입력을 하여 차후 음보정하기가 쉬운 단일 모노 채널을 만드는 강점과 여러 가지 소리의 효과를 거둘 수가 있다는 것이다. 사운드카드가 멀티미디어 특성인 경제성, 보편성, 게임지원, 조이스틱포트지원, 5.1채널 이상 출력 지원 등의 특징이 있고 오디오카드는 고음질의 음성입출력(녹음), 다중트랙지원 등을 드라이버인 WDM, ASIO 2.0, GSIF 등을 사용하는 특징이 있다고 볼 수 있다.

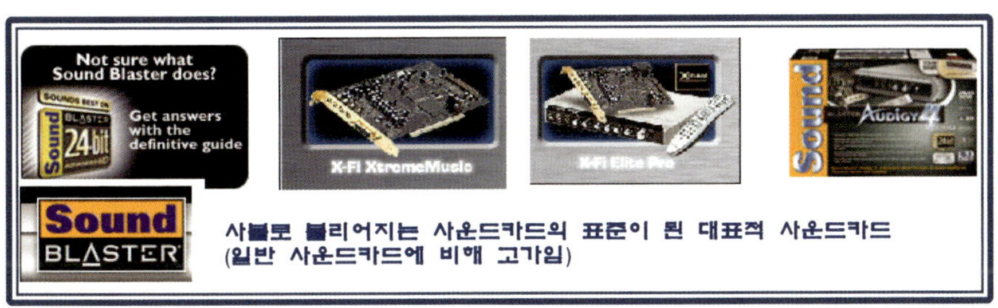

사블로 불리어지는 사운드카드의 표준이 된 대표적 사운드카드 (일반 사운드카드에 비해 고가임)

오디오카드는 Protool, 소나, 기가, 뉴엔도, 큐베이스, 로직 오디오 등의 전용 프로그램을 가지고 있어 그에 대응하는 드라이버가 필요한데 이러한 드라이버는 사운드카드에는 대응하지 않는다. 그 오디오 드라이버의 규격은 ASIO 2.0 DirectX, EASI, GS I/F, MME, WDM 정도가 있다. 이 **audio drive**는 아주 중요하여 학습자가 차후 심화과정을 공부할 때 꼭 알아야 할 지식이다.

7. Audio 드라이버 종류

현재 장착된 드라이버를 찾아보자.

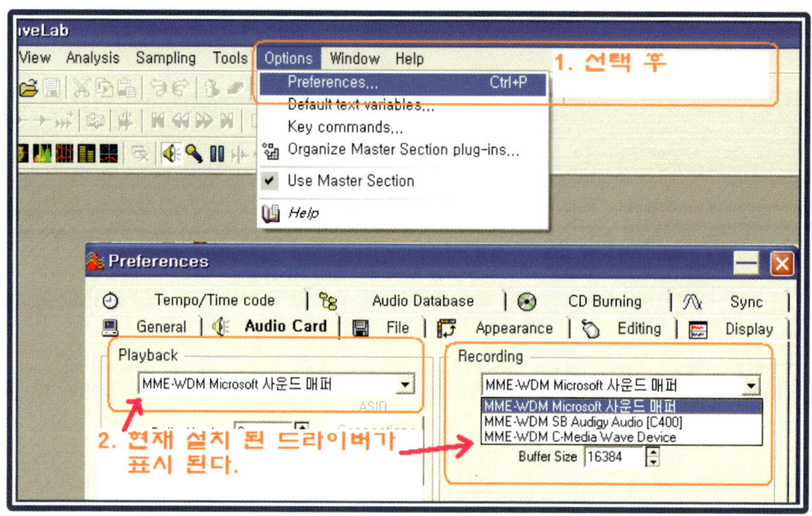

가. MME(Multimedia Extensions)

PC기반 윈도우 3.1부터 현재까지 기본으로 지원되는 사운드 드라이버로서 사운드카드 혹은 오디오카드 전부 이 규격을 지원하고 있다고 볼 수 있다. 호환성은 우수하나 latency가 300~600㎳나 되어 다중기기 연결 시 연주 후 플레이되는 지연현상이 나타난다. 따라서 녹음의 다중 채널로 사용하기에는 절대적으로 무리이지만 사운드카드 기반에서는 무난한 방식이다. **IBM PC** 계열 컴퓨터 사용자는 윈도우를 사용하므로 현존하는 음성프로그램은 전부 이 규격과 호환된다.

나. ASIO 2.0(Audio Stream Input Output)

독일의 Steinberg사가 Q-base(Cubase)에 채택된 VST(Virtual Studio Technology)를 구현하기 위한 드라이버로서 반응속도(Latency)가 좋지 않은 Direct X를 극복하기 위한 수단으로 30~7ms까지 이를 낮추어 전 세계 Audiocard의 표준화를 성립하였다. 그러나 그 후 sonar의 2.2버전부터는 소나가 ASIO 2.0을 받아 줌은 물론 그 자체의 DXi도 추가하여 현재는 혼미한 양상에 이르고 있다. 주요 오디오카드는 Lexicon Studio, Digidesign's D24 card, Event's Layla, Gina and Darla, MOTU's 2408, Korg 12/12 and Sonorus StudI/O 등이다.

참고: Steinberg사는 독일 Hamburg에서 1984년 엔지니어인 Karl Steinberg와 음악가인 Manfred R rup가 pro16 16track Midi sequencer를 Commodore C-64에 최초로 장착시켰다. 이것이 현재 Steinberg의 효시가 된다.

다. DirectX(Direct Sound)

윈도우 환경에서 게임과 그래픽 오디오 처리를 원활하게 하고자 새로운 DirectX의 규격을 만들었는데 그중 사운드를 Direct Sound라 하며 그 Latency를 200~40ms 정도로 향상, CPU에 부하를 적게 잡고 원래의 MME 방식보다는 훨씬 편리하게 되어 게임제작자들이 표준규격으로 이를 받아들였다. 대부분의 오디오카드들과 호환이 되는 강점도 있고 MME보다는 latency가 훨씬 좋아 게임회사에는 이 규격을 사용하고 있다.

라. EASI(Enhanced Audio Streaming Interface)

독일의 Emagic사가 자신들의 프로그램인 Logic Audio를 지원하기 위해 개발한 드라이버로서 latency가 ASIO의 30~7ms보다 더 빠른 20~5ms로 ASIO에 대항하기 위해 만든 규격이라 할 수 있다. 그러나 안정성의 결함이 있어 많은 오디오카드업체의 채택을 받지 않고 Emagic의 Audiowork8과 Egosystem의 Waveterminal 2496 정도만 채택하고 있다.

마. GS I/F(GIGA Sampler Interface)

GS I/F는 Nemesys사가 개발한 가장 성능이 우수한 드라이버로 Nemesys의 Gigasampler 혹은 Gigastudio에 사용되었는데 Latency가 5~3ms여서 가장 빠른 속도를 가지고 있기는 하나 특성을 타는 문제가 제기되었다. 차후 오디오카드 회사들이 이 규격을 지원하는 하드웨어 제작에 많은 노력을 기울일 좋은 인터페이스의 하나이다.

바. WDM(Windows Driver Module)

WDM 드라이버는 Latency가 10~5ms로서 DirectX를 대체할 수 있는 규격으로 ASIO 2.0기반에 도전하는 차세대의 드라이버라고 말할 수 있다. Window 98SE, ME, Window2000에 사용되었고 현재 보편화되고 있는 중이지만 아직 ASIO 2.0을 따라잡기에는 어렵다고 볼 수 있다. 현재 소프트웨어로는 케이크워크 10(Sonar 초기버전)이 있으며 오디오카드로는 국내의 이고시스템과 훈테크, 그리고 오디오트랙사 정도가 있다.

8. 컴퓨터와 연결 'Audiocard' 혹은 'Soundcard'의 Interface

가. PCI 방식: 가장 오래되었고 안정된 방식이며 많은 정보, 낮은 latency, 다중의 채널지원이 가능하지만 전원을 컴퓨터와 같이 공급받아 전원부족이 야기될 수 있고 컴퓨터 내부의 발열문제, 다른 고주파가 유입될 수 있는 소지가 있다.

나. PCMCIA(Personal Computer Memory Card International Association) 방식: PCI 방식과 같지만 Notebook을 위한 슬롯을 통해 교신하는 것으로서 가격은 비싸지만 데스크 탑과 같은 안정성과 좋은 성능을 가지고 있다. 따라서 이동형 녹음장비로 많이 사용되었고 현재는 거의 사용하지 않고 있다.

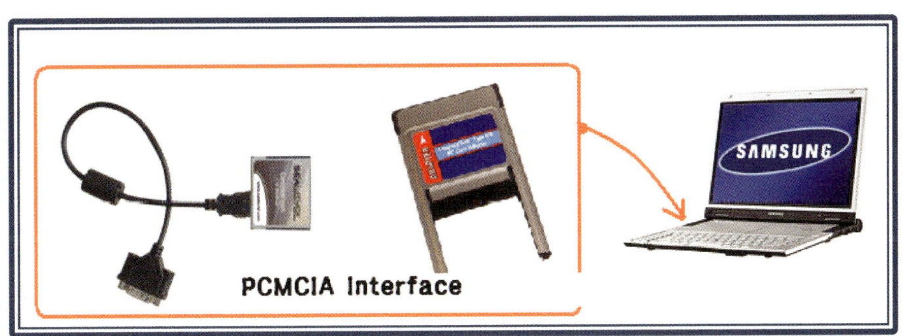

다. USB 방식: 현재 가장 많은 interface로 각광받고 있다. USB2.0은 보편적으로 Firewire 1394보다 더 빠른 속도로 음성은 물론 영상매체까지 지원하고 있다. 당연히 데스크 탑, 노트북과 관련된 모든 장비의 교신이 가능하다. 음성에 있어서 단점으로는 전원의 부족함과 아주 많은 채널의 정보는 아직 어렵고 96㎑ 이상의 샘플비율을 가진 음성교신에는 어려운 점이 있지만 장점으로는 간편성, 경제성, 다양성을 들 수가 있다. 오디오카드, 사운드카드, 디카(Dica), 외부저장장치, 디지털 캠코더 등 다양한 분야에 사용된다.

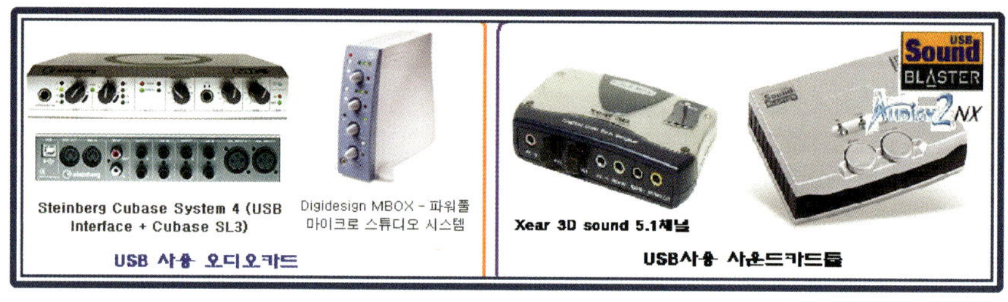

라. IEEE 1394(Fire Wire 방식)와 1394b

1) 1394: 1986년 미국 실리콘밸리에서 HP를 포함한 여러 회사가 모여 1987년 표준화를 개발 발표하였다. 1394의 목적은 모든 컴퓨터에 사용되는 매체의 연합에 있었고 외장형 오디오카드는 먼저 1394 플래터 폼으로 개발되었다. 영상매체 중 6㎜ 디지털 캠코더는 1988년 즉각 채택하고 컴퓨터와 정보이전의 방법으로 이를 먼저 사용하였다. 이후 USB2.0으로 인해 점유율이 낮아졌지만 그 안정성으로 인해 고가의 영상 및 음성 장비에서는 대세를 이루고 있다. 1394b가 2배의 빠르기를 가지고 있지만 Sata 방식의 대두로 인해 실패할 가능성이 높아졌다.

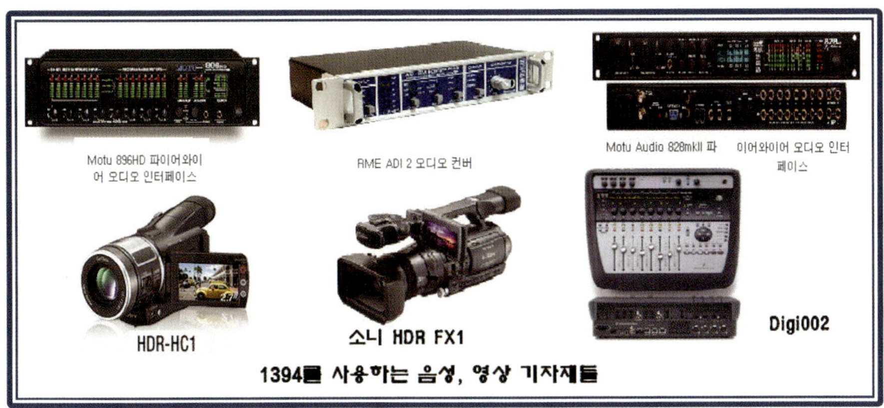

2) 1394b: 최신의 'firewire technology'의 규격으로 800 Mbps를 지원한다. USB 2.0이 480Mbps, 1394a는 400Mbps이어서 가장 빠른 방식이며 9핀을 지원하고 있다. 시중에는 3~10만 원 정도의 PCI 방식의 카드와 드물게 메인보드에 장착된 경우도 있다.

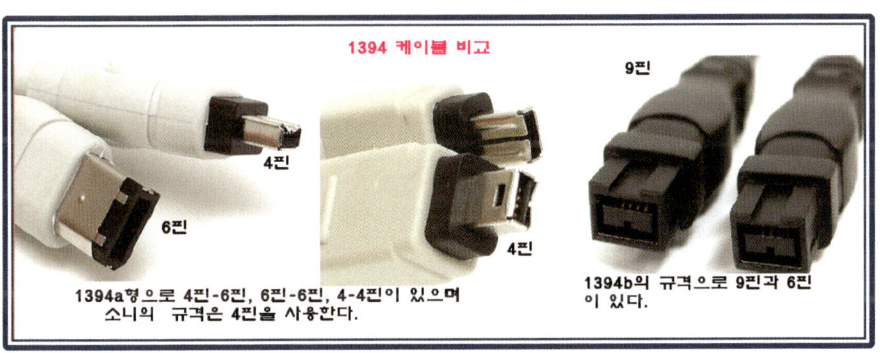

마. SATA(Seial ATA): 1394, USB보다 최근의 기술로서 저장기관에 좀 더 빠른 방식으로 Data를 이전하는 기술이다. 40개 정도의 전선을 사용한 병렬이전 수단의 ATA(Parallel ATA: PATA)에 4개의 연결선으로 기술을 발전시켜 600Mbps 정도의 속도를 내지만 SATA 1은 1.5Gbps까지 가능하여 차후의 이전기술로 예상된다. 현재 주로 하드디스크의 연결에 사용된다. 또한 SATA2는 3Gbps의 속도가 예상된다.

따라서 지금 마땅히 영상 음성 기자재와 호환되는 시스템이 출시되지는
않았지만 미래를 위하여 SATA를 추가한다.

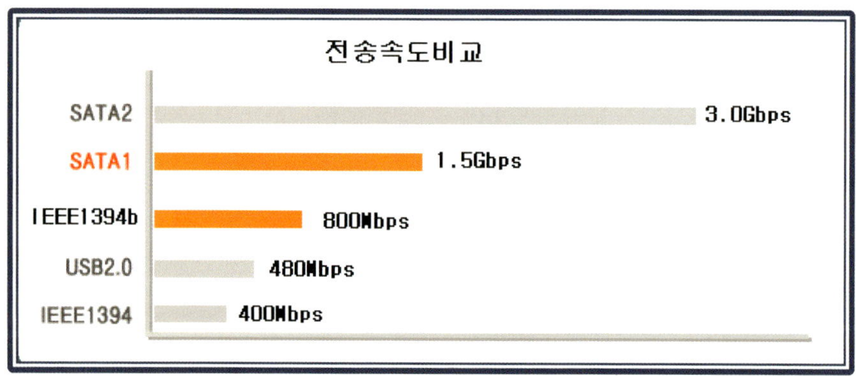

USB, 1394, 1394b, SATA1, SATA2 속도 비교

Chapter 4

Wavelab으로 사운드 편집 기본 익히기

chapter 4에서 가장 중요한 기본 편집 기능을 익히고 chapter 5에서 무조건 따라 하면서 사운드에 대한 구조를 익히자. 이 장에서는 사운드 기본에 필요한 편집의 방법과 음악적인 이론과 공학적인 이론을 수록하였다.

Chapter 4만 익혀도 사실 사운드는 문제가 없다. 이것만 해도 성공이다. 지은이 소속의 방송영상계열에서 사운드 교육을 하지만 이조차도 안 되는 학생이 많다. 이것만 해도 충분하다. No more stress!!!

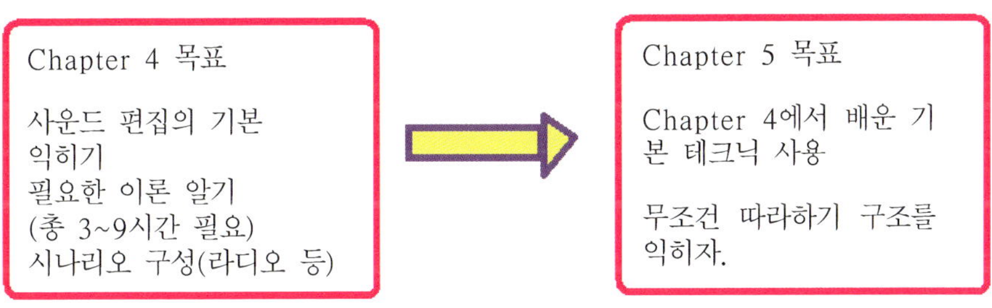

Chapter 4와 Chapter 5의 학습 구조

우선 소리를 다루기 위해서는 보아야 한다. 따라서 학습자는 구하기 쉬운 **.wav 혹은 **.mp3 파일을 준비하자. 지은이는 항상 소리 중 효과음, 음악 등의 수만 점을 컴퓨터의 하드디스크에 보관하고 있다. 따라서 자신만의 사운드를 보관하기를 권장한다.

사운드의 가장 기본인 커서 움직이기, 선택하기, 자르기, 부치기, 앞뒤 부분 정리 등의 가장 필수적인 방법을 습득하자. 실제로 이러한 내용만 알아도 라디오 드라마 제작, 혹은 영상 사운드 제작에는 아무런 문제가 없음을 알자. 그 외에도 음을 '점점 세게' 혹은 '점점 여리게' 하는 기법이 왜 필요한가의 음악적인 해석을 달아 놓았는데 좀 더 공부를 권장한다. 사운드라는 것은 결국 인간의 머리에는 그중 아름다운 것을 자동적으로 음악화시키는 능력이 있다. 이러한 기본 테크닉에 음을 변화시키거나, 잡음을 제거하거나, 녹음을 기가 막히게 잘한다면 결국 사운드 제작의 기능을 포함한 훌륭한 종합사운드편집자가 가능하다. 이번 장은 기본편집만 익히자. 이 기능만 알면 당연히 라디오 드라마, 광고 등은 전부 완료 가능하다.

1. Open - wave(mp3 혹은 기타 포맷) 불러오기

컴퓨터 내에 있는 **.wav 혹은 **.mp3 파일을 불러내어 보자.

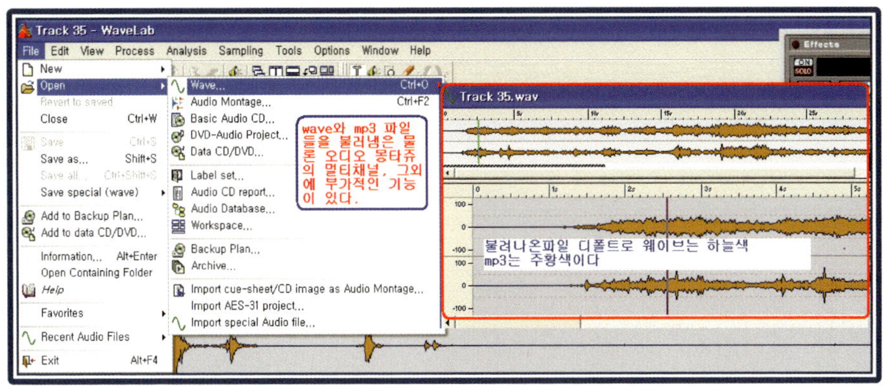

이 외에도 Audio Montage 등의 중요한 기능은 차차로 습득하도록 하자. 아직 mp3과 wave의 이론적인 차이를 잘 모르더라도 그냥 넘어가는데 wave의 용량이 mp3보다 약 9배 크고 품질이 더 우수하다는 정도만 알고 가자. wave 외에 다른 포맷도 당연히 불러올 수 있다. 참고로 codec, format, audio drive의 개념에 대한 이해가 필요하다. 프로그램에서 이러한 음성의 종류에 대한 상호 간의 동의가 있어야 사용 가능하다.

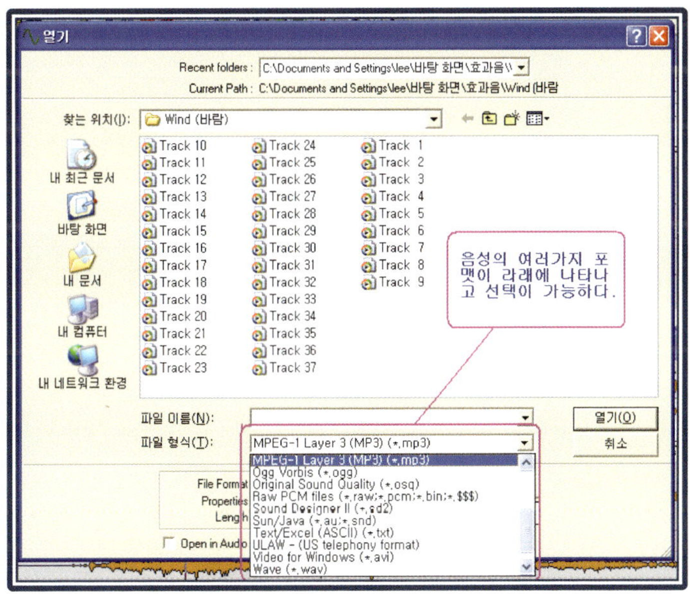

2. 웨이브 윈도우 보는 방법

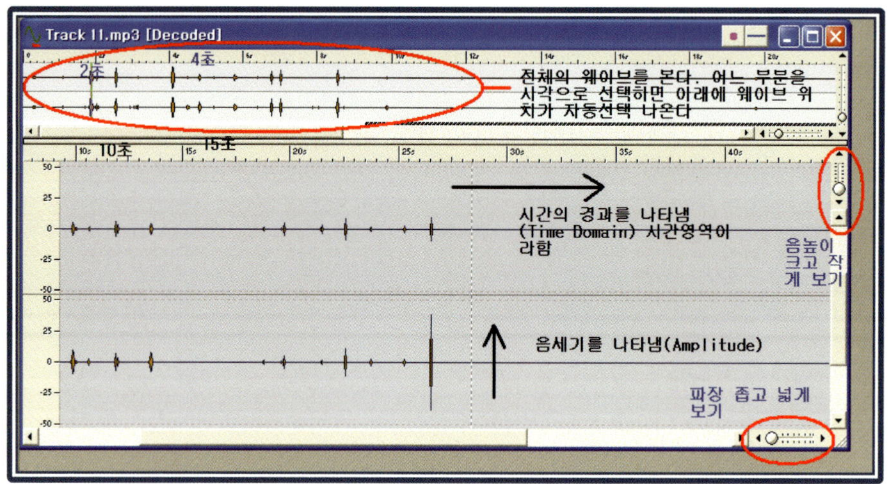

시간이 경과함에 따른 파형을 나타내었다. 영상의 Timeline(시간대)과 같은 원리이다. 공학에서는 시간의 경과에 따라 음성 파형의 변화를 묘사한 것을 약간 유식하게 Time domain(시간영역)이라고 한다.

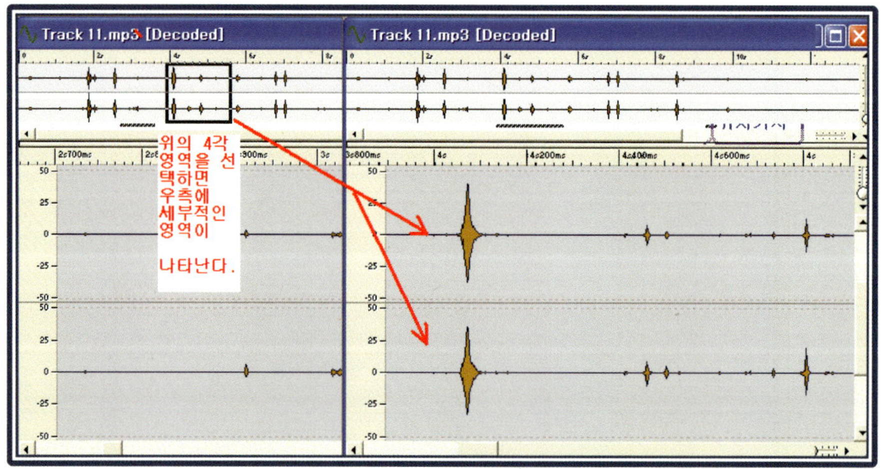

선택하는 방법은 윗부분 작은 파형의 원하는 위치에 마우스를 대고 왼쪽

버튼을 누른 채 원하는 위치만큼 선택하고 당기면 아래 부분의 큰 파형의
웨이브가 나타난다. 그것이 바로 선택한 시간대이다.

3. 커서 움직이기 연습, 위치 찾기

커서는 적당한 부분에 왼쪽 마우스 버튼을 클릭해 보자.

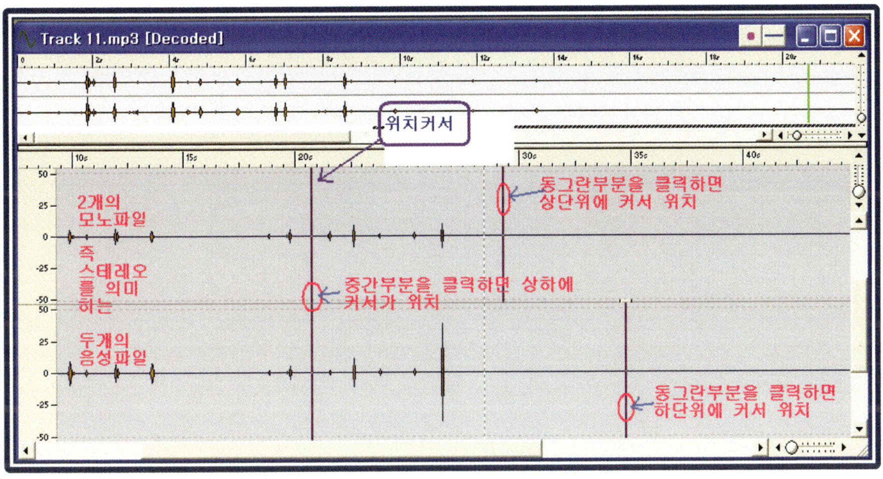

소리의 기본은 1개의 파일 즉 모노, 2개는 우리 귀가 2개인 것처럼 2개의
파일이다. 상기는 당연히 2개의 트랙이 있어 스테레오이다. 영상제작 시 실
제로 영상프로그램 자체에 움직이는 사운드의 방법이 있어 이곳에서의 트랙
이 1개인지 2개인지에 대한 논의는 불필요하다.

4. 선택영역 지정하기

선택을 하여야만 그 영역을 어떻게 처리할까를 결정지을 수 있다. 가장 기본이 되어야 할 부분이다.

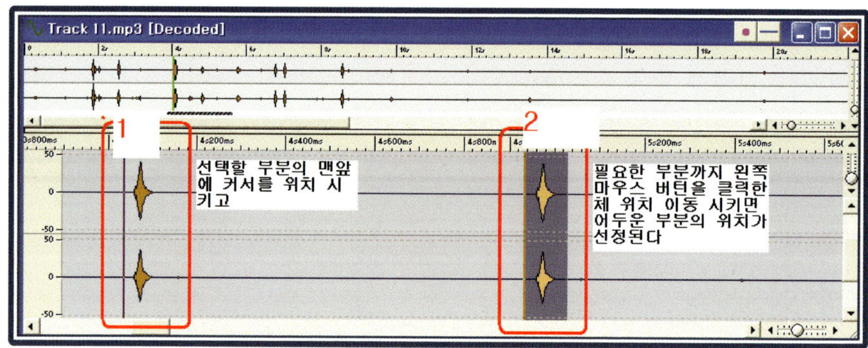

상기 예제는 스테레오를, 즉 2개의 파일을 선택하였지만 모노파일 선택은 움직이기와 마찬가지로 상단부 혹은 하단부를 클릭하여 드래그하면 된다. 선택한 영역을 어떻게 할 것인가는 일단 우측 마우스를 클릭하여 보자.

5. 자르기(Cut)와 삭제하기(Delete)

Ctrl + X 모든 프로그램에서 자르기, 붙이기, 복사하기의 Short - key는 같다. 자르기와 삭제하기는 같은 기능이지만 cut는 자른 영역이 컴퓨터의 버퍼 안에 남아 있어 필요시 부치기(Ctrl + V)를 통해 재생될 수 있지만 Delete는 버퍼 안에 저장되어 있지 않다. 가급적 자르기(Cut)를 권장한다. Delete도 위와 같다. 추가로 선택하고 오른쪽 마우스 버튼을 눌러도 단축키 (short - key)와 같은 기능을 줄 수가 있다. 이러한 기본 기능은 영상, 음성, 그래픽 등 모든 프로그램이 같다.

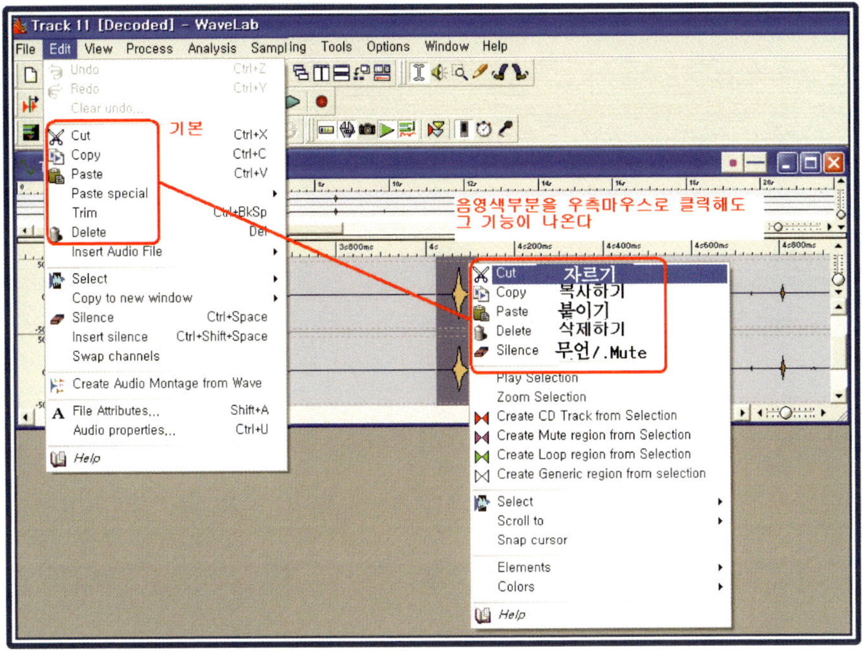

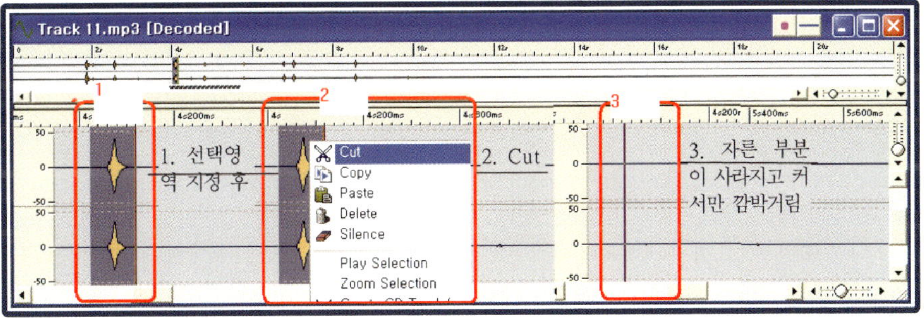

6. COPY(복사하기): Ctrl＋C

선택한 짙은 영역을 복사한다. 복사한 것을 계속 붙여 나가면 일정한 리듬을 가진 운율이 나타나 음악적인 영역으로 들어간다. 수년 전부터 나온 Techno music 이 방법과 차후에 나온 pitch를 움직이는 방법으로 사운드 편집의 영역을 넘어서 음악 같은 사운드 제작을 할 수가 있다.

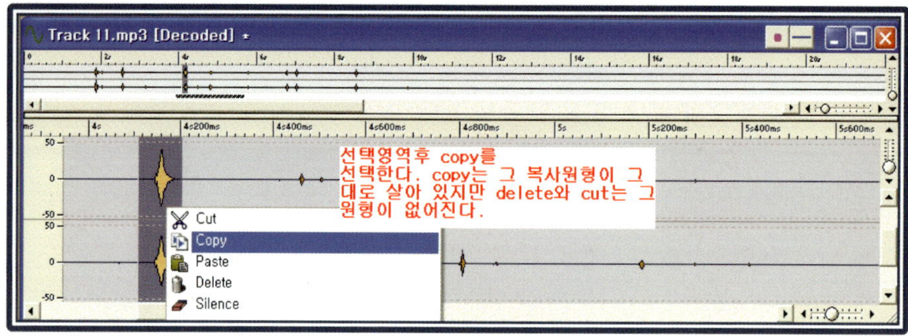

7. Paste(붙이기): Ctrl＋V

자르거나 복사한 것을 원하는 위치에 붙이는 역할을 한다. 예제로서 한 개의 파일을 가지고 시연하지만 실제로는 몇 개의 파일을 동시에 열어 놓고 이곳저곳에서 서로 옮겨 가며 운용 가능하다.

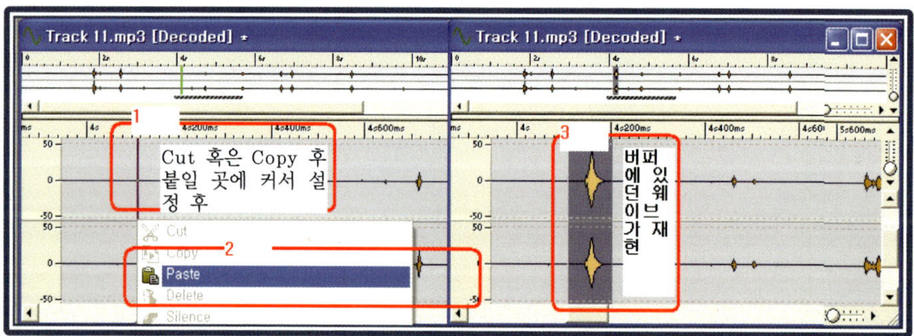

8. Silence(무언, Mute): Ctrl＋Space Bar

선택된 음원 전부를 없애는 것이다. 따라서 소리가 이 부분에서는 전혀 나오지 않는다. 소리 정리 시에 필요한 기능이다. 녹음된 음원을 분류해서 음악 CD(Audio CD) 만들 때 사용하면 좋다. 음악 CD는 대체로 음악이 시작하기 전 2초 정도의 묶음을 준다.

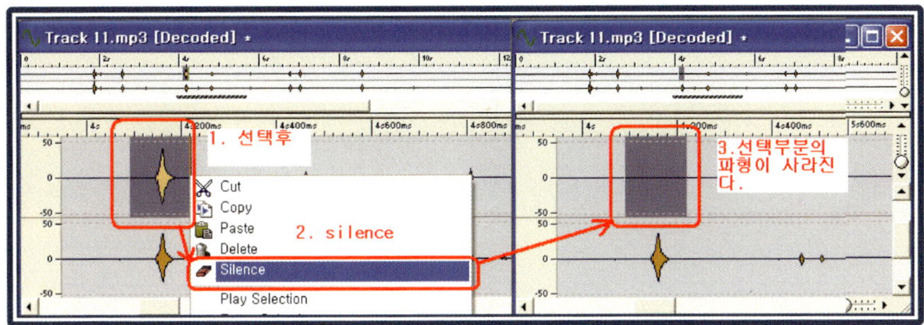

9. Trim

선택한 부분을 제외하고는 다른 웨이브를 삭제하는 기능이다.

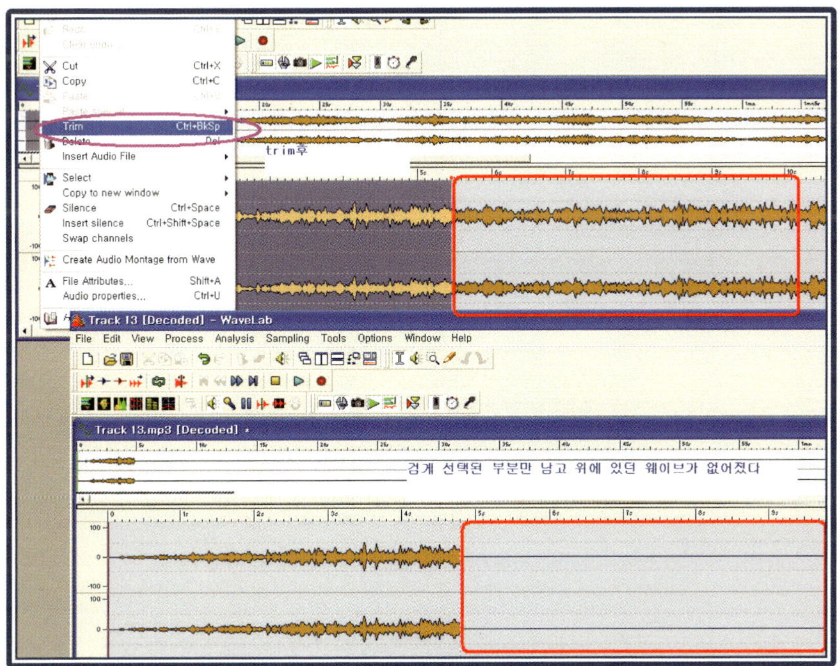

10. Paste Special

가. Paste Special – Mix

같은 붙이기이나 이 중 가장 많이 사용하는 기능들을 소개한다. 이 기능 중 **Mix**의 기능은 상당히 편리한 기능이어서 여러 가지 사운드를 중복시키는 좋은 효과를 쉽게 만들 수 있다. 예를 들면 1개의 박수 소리로 여러 번 믹서하면 군중의 박수 소리가 될 수가 있다. 이것은 간단한 트랙들의 개념을 한 파일에 뭉친 것이다. **Paste**와는 차이가 나는데 **Paste**(붙이기)는 기존의 시간대에 있는 내용물을 밀어내고 위치하는 반면에 **Paste Special**은 기존의 파일과 혼합된 소리를 만들어 내는 믹서의 개념이다.

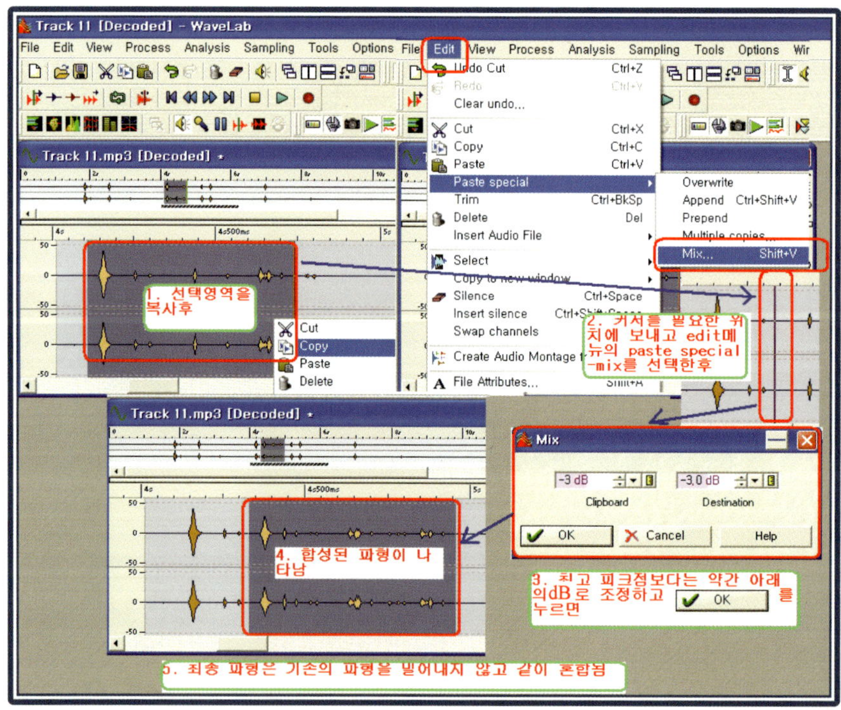

믹서의 나은 기능은 **audio montage**에 있다. 차차 설명하기로 한다.

나. Paste Special – Multiple Copies

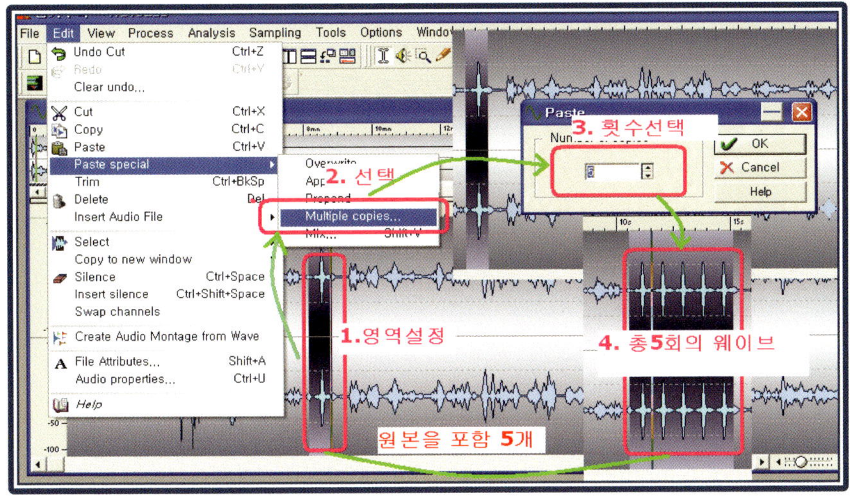

11. 필요한 음성 파일 추출하기

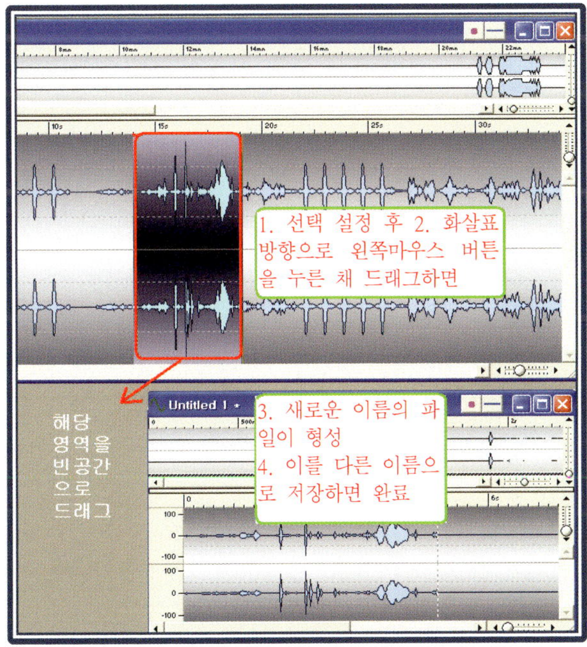

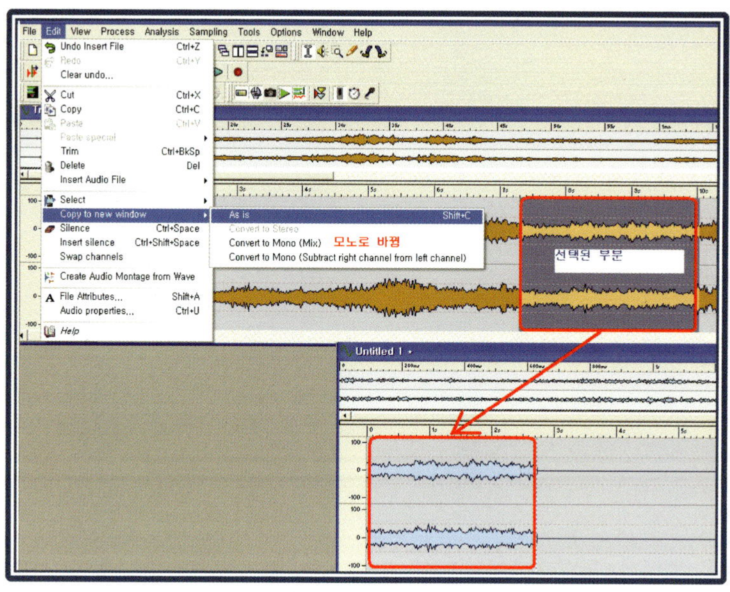

음악 및 타인의 사운드들은 허가 없이 사용하기가 불가능하다. 하지만 사운드 사용에 있어 특별한 음만을 사용해야 하는 경우가 있는데 겨우 수초의 음은 다른 음원으로 추출하여도 큰 문제가 없다. 물론 가수의 경우 그 음원이 누구의 것이라는 것을 알기 때문에 사용이 어렵다. 채집한 효과음 등의 제작에도 많이 사용한다. 필요한 부분을 선택하고 그 부분을 wavelab 윈도우의 빈칸으로 드래그하면 새 파일이 형성되고 이를 save 혹은 save as로 저장하면 그 파일이 형성된다. 특히 save as에서 필요한 형식으로 변환시키면 더 편리하게 컴퓨터 환경에서 사용 가능하다. 초보자에게는 일단 확장자 **.mp3 혹은 **.wav를 사용하면 영상 혹은 음성의 모든 프로그램에서 호환이 된다. 학습자들은 이 쉬운 방법을 사용하여 많은 자신의 음을 만들면 저작권의 문제도 해결되고 자신의 영상에 사용 시 아주 편리할 것이다.

12. Fade In과 Fade Out: Ctrl+F 후 선택

음성 혹은 음악은 일부러 놀래 줄려는 목적 외에 항상 부드럽게 움직여야 한다. 음악도 처음에는 조용하게 시작하다가 차차 크고 적게 음량이 조정되는 것이 좋은 감정을 표출하는 방법이다. 음성의 볼륨이 세다는 것은 감정이 격해지고 볼륨이 약하다는 것은 감정이 잔잔함을 의미한다. 지금까지는 일반적인 편집을 하였지만 항상 음성의 끝과 마지막은 Fade in과 Fade Out를 사용하는 것이 좋다. 또한 Fade in과 Out는 음악적인 용어로서 Cresc.와 Decresc.로 많이 사용된다. Cresc.(크레센도)와 Decres.(데크레센도)는 영어가 아닌 이태리의 음악용어이다. 우리나라에서는 음악용어는 주로 이태리어를 사용하고 있다.

가. Fade in=점점 세게(Crescendo), 방송에 있어 빛 혹은 조명을 점점 강하게 한다는 의미도 있다.

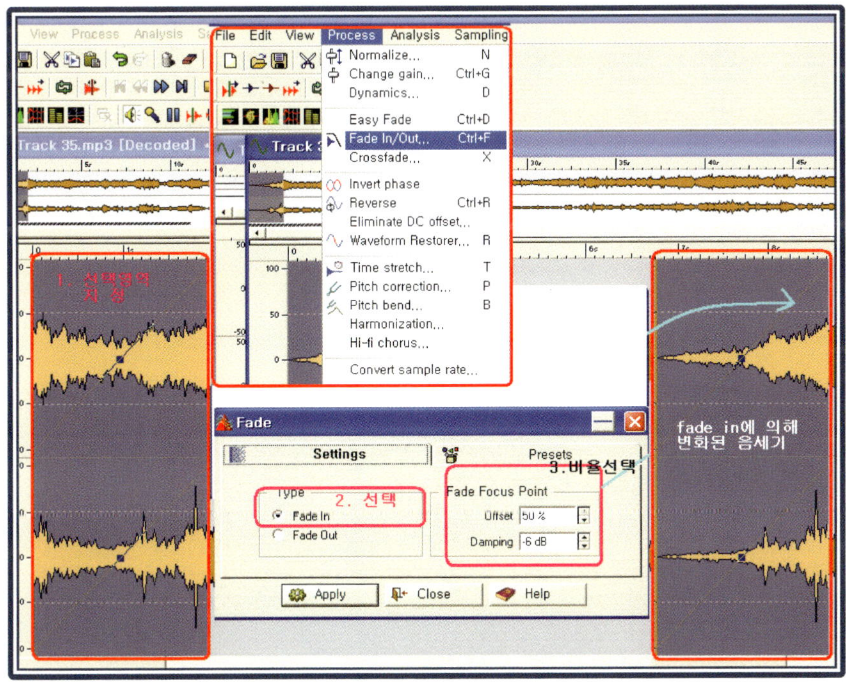

Fade In은 음을 서서히 크게 한다. 따라서 오른쪽의 최종 웨이브 파형이 처음에는 아주 작다가 조금씩 증가하여 마지막 부분에는 커졌다. 파형은 실제 입체적으로 퍼져 나가는데 상기의 파형들은 측면에서 본 것이다. 혼합된 소리는 워낙 그 내용물에 많은 주파수가 들어가 있어 주파수 분석 자체가 상당히 어렵다. 좋은 소리 즉 인간이 좋아하는 소리들은 그 주파수 구성들이 무언가 일정한 규칙을 가지고 형성되고 그렇지 않은 불유쾌한 소리들은 당연히 비규칙적인 특성이 많다. 규칙적이거나 불규칙적이거나 그 음들의 세기는 Time Domain(시간영역) 속에서는 파형의 파고가 높음으로 이를 표현한다. 음악적인 사용에 있어 우리가 중·고교 시절 배운 음악의 문법에서 얼마나 많이 크레센도, 데크레센도를 사용하며 노래를 불렀는지 상기해 보자. 사운드는 결국 정화되면 음악이 된다.

나. Fade Out=Decrescendo(Decresc. 데크레센도, 이태리어)＝점점 여리게 ＝dim.(Diminuendo), Fade Out은 음을 서서히 작게 한다. 방송에 있어 조명을 점점 약하게 한다는 의미도 있다.

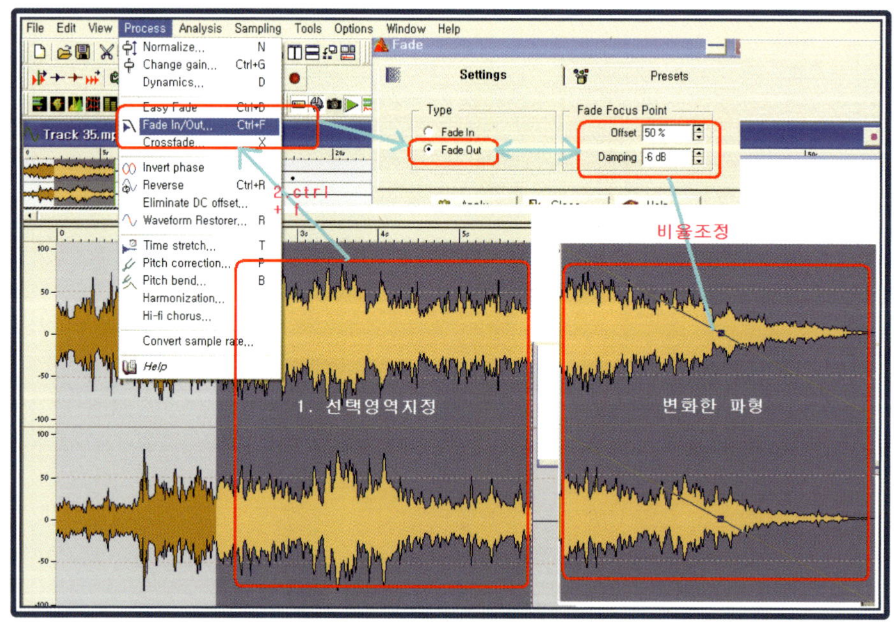

13. Fade In/Out과 음악과의 관계

가. 음의 셈여림에 대한 변화로서 일정하게 긴 시간에 변화 발생

내용	Fade In = Cresc.	Fade Out = Decresc.
방송용어	Fade In	Fade Out
방송에서의 의미	영상이 밝아짐	영상이 어두워짐(= Dim)
음악용어(이태리어)	Cresc.(크레센도)	Decresc.(= Diminuendo)
음악(사운드)에서의 의미	점점 세게	점점 여리게

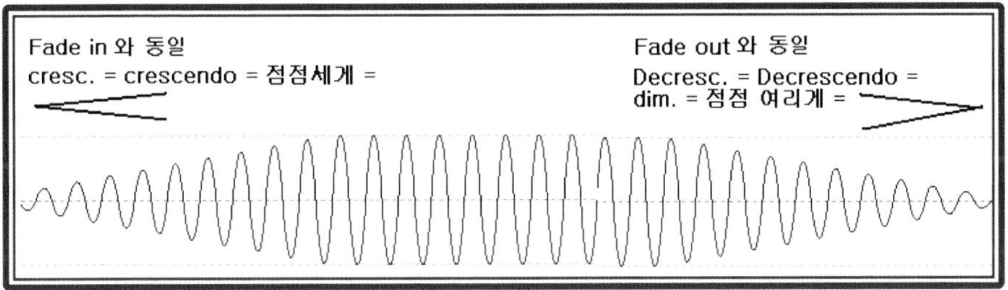

나. 음의 셈여림 부분적인 것

음악용어에서는 거의 이태리어를 표준어로 삼는다. 아래는 음악에 있어서 하나의 독립된 음표에 주로 사용된다. cresc.(fade in)과 decresc.(fade out)는 일정하게 긴 시간에 대한 음세기의 변화인 반면에 아래의 기호는 한 개의 음에만 해당한다. 따라서 파고가 높아지는데 파고가 높을수록 음의 세기가 강해짐을 의미한다.

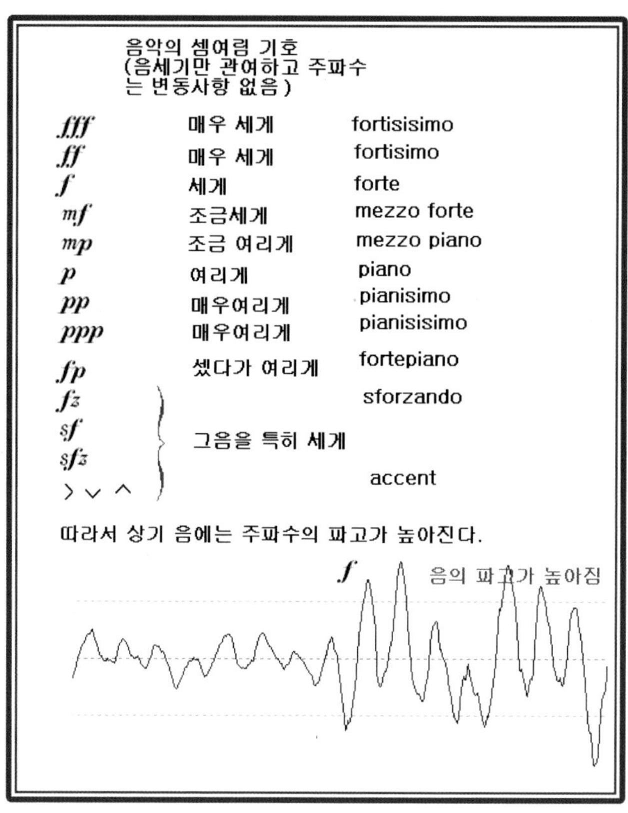

다. dB(Dynamics)

공학에서는 dB를 사용하여 표현하기도 하는데 음악 및 공학 두 가지 다 Dynamics라는 용어를 쓴다. Dynamics는 극적, 역동적이라는 의미로서 어떤 1개의 발성체가 낼 수 있는 최고의 높은 음량과 최저의 음량 차이를 의미하는데 도표처럼 'fff-ppp'를 그 음악의 'Dynamic Range'라고 한다. 공학에서는 발성체 혹은 음향기기의 '최고 dB'와 '최소 dB'의 차이를 말하는데 Dynamic Range가 105㏈와 90㏈의 기기가 있다면 당연히 105㏈의 것이 그만큼 더 표현이 넓은 음향기기라고 할 수 있다.

14. save와 save as: 저장과 동시에 필요한 형식으로 변환

현재 완벽하게 귀로 들리는 음성은 실제로는 완벽하게 1개로 구성되어 있는 파일이 아니다. 그냥 컴퓨터 연산상 종합정보가 혼합되어 우리 귀에 들리는 것이다. 따라서 이 조각의 파일을 1개의 파일로 만들기 위해서는 rendering의 과정이 필요하다. 과거에는 컴퓨터의 속도가 느렸고 프로그램의 미발달로 인해 이러한 절차가 상당히 어려운 과제였지만 이제는 save 혹은 save as를 사용하면 자동적으로 주어진 이름하에 완벽하게 1개의 음성 파일이 자신이 원하는 형식으로 완벽하게 만들어진다. 학습자는 항상 save와 save as를 반복하여 자신이 만든 귀중한 파일이 없어지지 않도록 하자. 또한 save as의 기능에서는 이미 다른 포맷으로 변환이 가능하게 되었다. 인터넷 혹은 이미 보편화된 포맷은 wave, mp3, wma 등인바 이러한 포맷으로 다른 분야와 호환이 가능할 것이다. wma, mp3은 용량이 wav보다 1/9 정도이다. 가볍다. 여러 가지 효과를 동시에 사용할 경우에는 wav를 사용하나 mp3을 사용하나 결과는 같다.

가. Save

원래의 파일 이름, 형식을 그대로 유지하게 한다. 다른 프로그램의 기능과 같다.

나. Save as

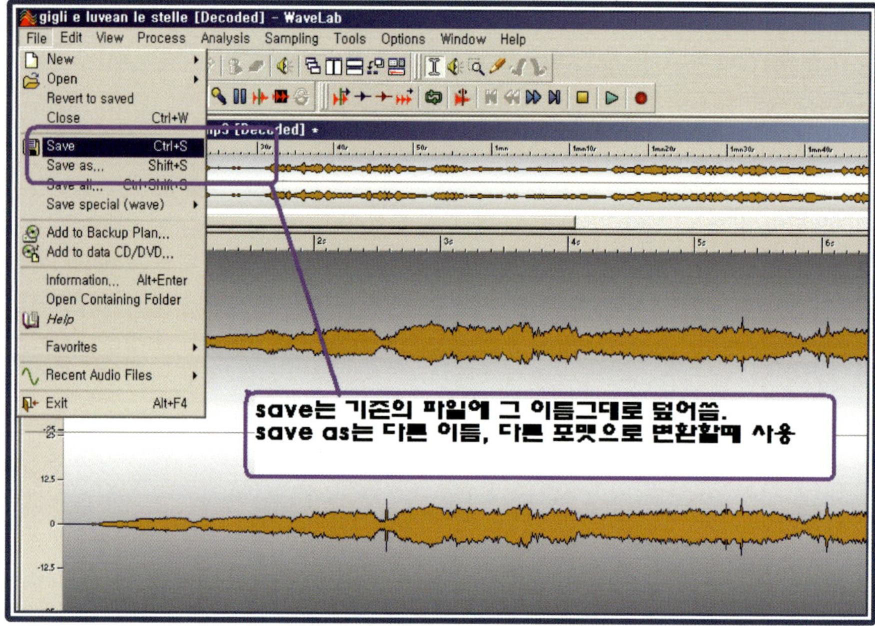

save는 기존의 파일에 그 이름그대로 덮어씀.
save as는 다른 이름, 다른 포맷으로 변환할때 사용

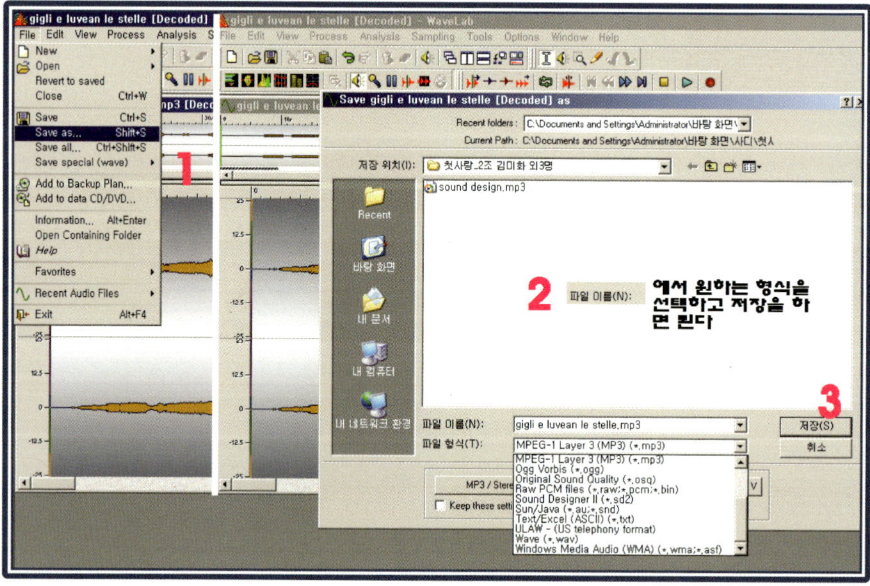

1
2 파일 이름(N): 에서 원하는 형식을
선택하고 저장을 하
면 된다
3

이름 혹은 형식을 바꾸는 기능으로 사운드 제작자는 이를 적합한 포맷으로 바꾸어야 하는데 일반적으로 영상제작자는 영상의 codec 혹은 format만 알지 사운드는 거의 모른다고 간주하면 된다. 따라서 항상 타 부서 혹은 타 영역에 사운드 파일을 줄 때는 가장 무난한 wave, mp3, wma로 공급하기를 권장한 바 있다. 디지털 사운드의 형식(Format) 선택은 참으로 중요하다. 2003년 이전만 하여도 프로그램 자체가 이러한 포맷을 받아 주지 않아서 영상과 사운드 혹은 영상의 종합 codec의 선택과 호환에 문제가 많았다. 원래 디지털은 사운드가 영상보다 20여 년 정도 먼저여서 wave format(Atari PC, IBM PC)이 최초로 사용되었고 이어서 Macintosh의 aiff format이 형성되었다.

다. IBM PC와 Mac PC의 음성(wave 등) 호환

IBM PC의 확장자는 **.wav이며 Mac은 **.aif(f)이며 양자 간에 호환의 공학적인 문제는 없다. 단, IBM PC에서는 한글, 영문 등 이름의 선택이 자유로운 반면 Mac에서는 이름이 영문으로 제한되는 경우가 있다. IBM PC에서 이름 지어진 파일을 Mac으로 가져간다면 Mac에서는 인식이 안 되는 경우에는 IBM PC에서 필히 이름을 영문으로 바꾸고 확장자를 Mac의 사운드 포맷인 **.aif(f)로 바꾸면 된다. mp3는 PC든 Mac이든 상호 같은 확장자로 호환된다. Mac의 **.aiff는 한글이든 영문이든 IBM PC에서는 당연히 인식된다.

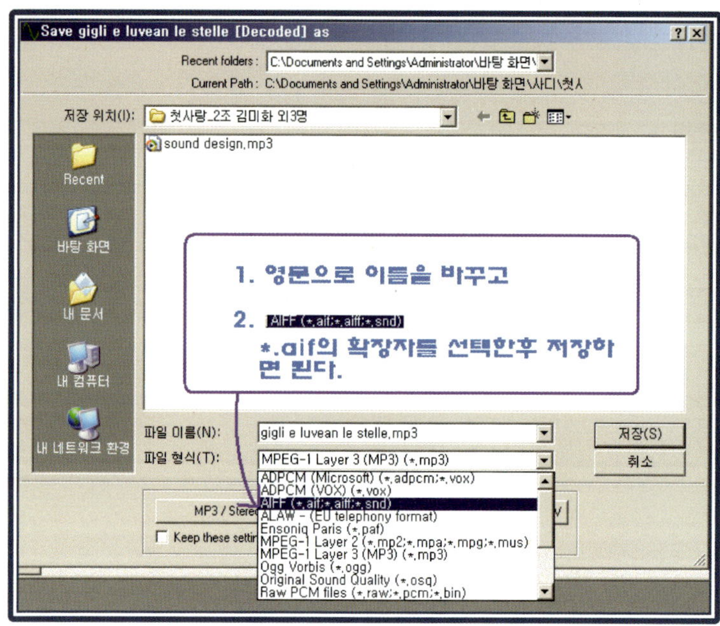

15. 표본추출비율(Sampling Rate)과 형식(format)

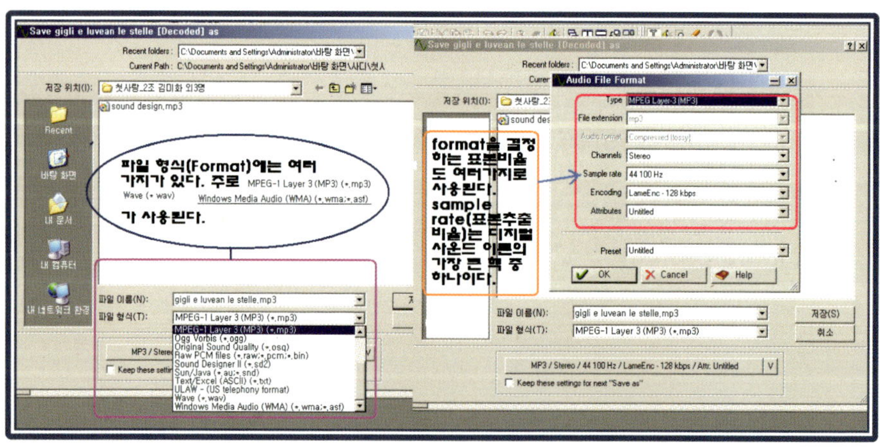

디지털 사운드의 format은 한마디로 아날로그 사운드를 디지털로 저장, 구현시키는 방법이다. 그 저장방법의 정밀도에 의해 44,100번의 추출 혹은

그 이하(22,050 등)의 질적인 저하의 포맷, 88,200 등의 고품질의 원음을 기록하기도 한다. 이러한 format을 구성하기 위해서는 아날로그 파형을 디지털화시키는 표본 추출이 필요한데 컴퓨터의 사운드카드(혹은 사운드 칩)에 있는 ADC(아날로그 디지털 변환기)를 통해 표본추출이 이루어지게 된다.

가. 1980년경 Sony – Philips는 최초의 보편화된 디지털 음향기기인 가정용 Compact disk를 만들어 발표하게 된다. 그들이 사용하게 된 Audio CD (음악 CD)의 샘플비율은 44,100이다.

나. Audio Cd의 Sampling Rate(표본추출비율) 44,100의 결정. 물론 44,100 이상의 표본 추출비율도 사용하는데 방송용의 고가의 기자재는 88,200 이상의 표본비율을 사용하기도 한다. 주의할 사항은 명확히 녹음 시 이러한 높은 비율을 사용하였다면 재생 시에도 같은 비율의 사용이 무방하지만 44,100번의 샘플을 사용한 사운드를 88,200의 플레이로 듣는다는 것은 별 의미가 없다는 것이다.

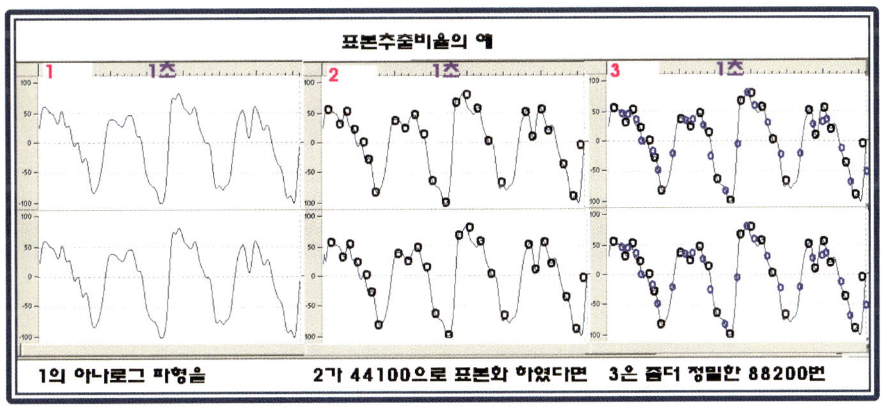

보다 자세한 내용의 format과 codec은 비율변환에서 하기로 한다.

16. 볼륨 높이기 Change Gain: Ctrl+G

 어떤 부분에 대한 음세기를 높이는 역할을 한다. Normalize와 달리 무조
건 음을 높이거나 내리기 때문에 잡음을 동반할 수도 있다. 적절히 사용하
면 작업시간을 줄여줄 수 있어 가장 편리한 기능 중의 하나이다.

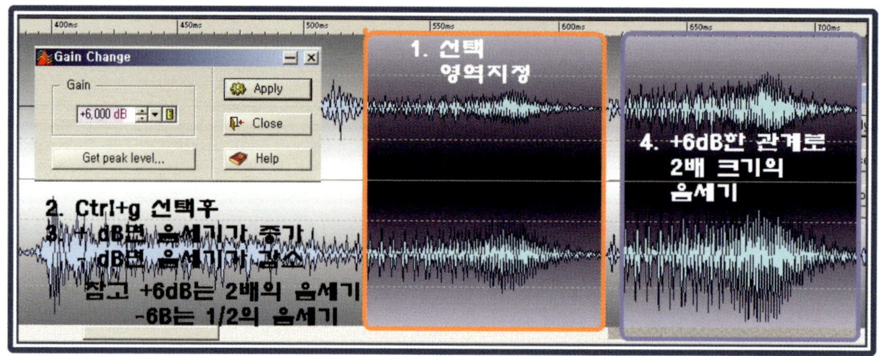

Chapter 5

무조건 따라 하기 편

(음성제작: 라디오 드라마 제작, 광고 사운드 제작 무조건 따라 하기)

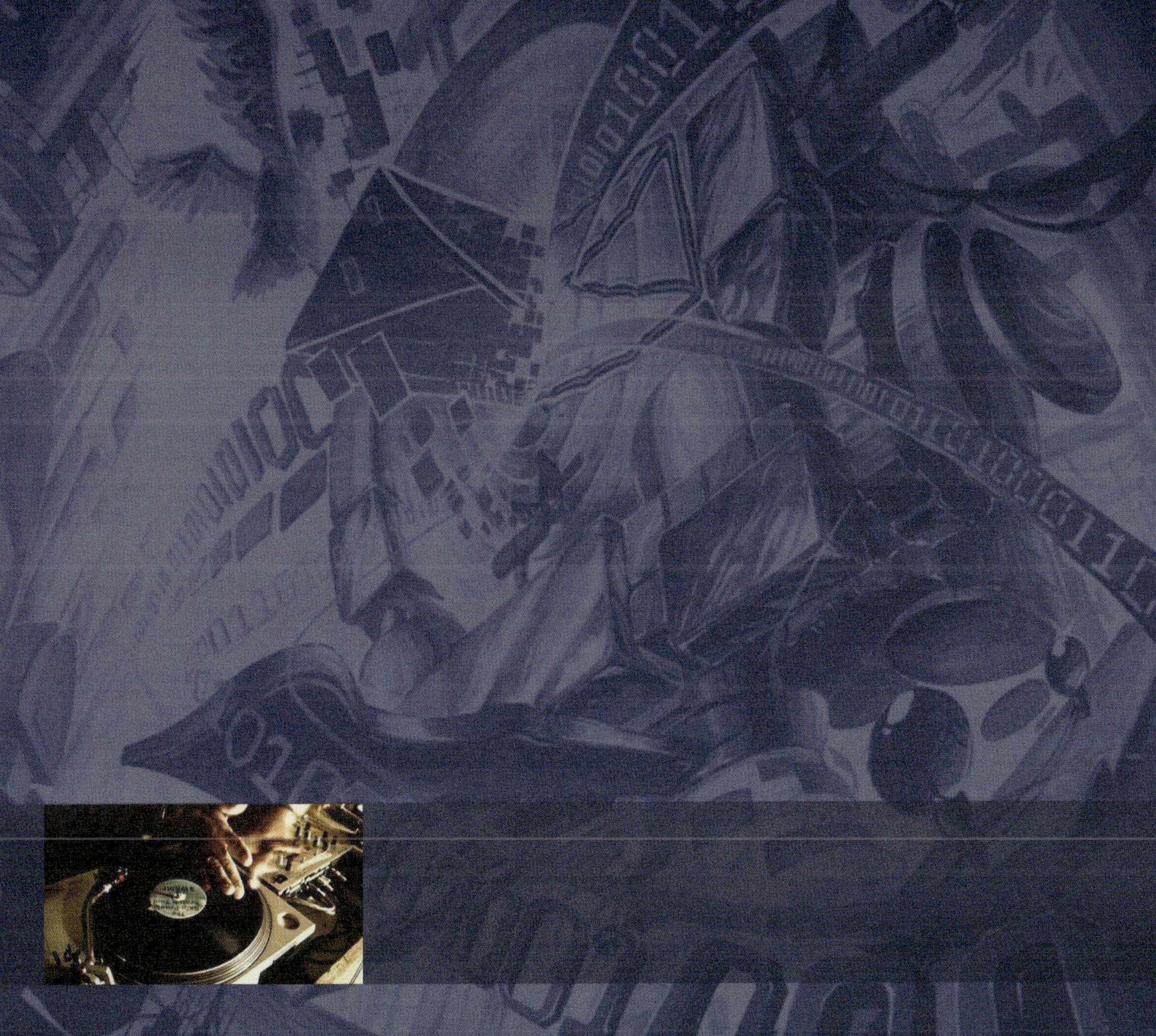

Chapter5

이 장에서는 '사운드를 왜 하는가?'에 대한 기본 개념을 심어 주는 데 주안점을 주고 있다. Chapter 4에서 가장 긴요한 기능을 이미 설명한 바 있다. 결국 chapter 4도 무조건 따라 하기와 마찬가지이지만 이 장에서는 학습자가 자신의 작품을 만든다는 개념을 가지고 접근해 보라는 의미로서 작품 제작 따라 하기를 서술하고자 한다. 특히 학습자가 필요한 음성녹음을 중심으로 효과음 등과 혼합하는 과정을 서술하고자 한다.

준비물: 저가형 마이크, 효과음 및 음악파일을 가지고 있는 컴퓨터, 스피커/간단한 음성 녹음을 위한 20초 정도의 원고

1. Mic를 사운드 mic in의 단자에 연결(주로 핑크색 단자)

사운드카드의 아날로그 오디오 단자		
색상	기능	규격
분홍/Pink	마이크 입력	3.5㎜
하늘색/Light Blue	라인입력(다른 음향기자재와 연결)	3.5㎜
옅은 초록/Lime Green	아날로그 출력/스테레오일 경우 좌우 스피커로 출력	3.5㎜
갈색 혹은 짙은 색/Brown, Dark	아날로그 출력/후방 서라운드	3.5㎜
오렌지색/oranger	우퍼 및 센터 출력	3.5㎜
노란색, 회색/Yellow, Gold, Grey	게임포트/Midï Interface	15핀 D－Sub

2. 소리가 나오는가에 대한 Mic test

가. 스피커를 통해 소리가 안 나오는 경우에는 우선 볼륨조절을 만지자

볼륨조절은 시작버튼에 있다.

나. 시작버튼에 볼륨조절이 없을 경우에는

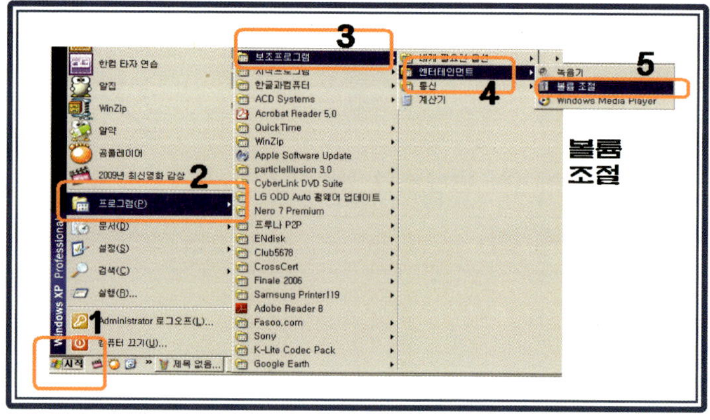

다. 음소거가 되어 있나 확인해 보자

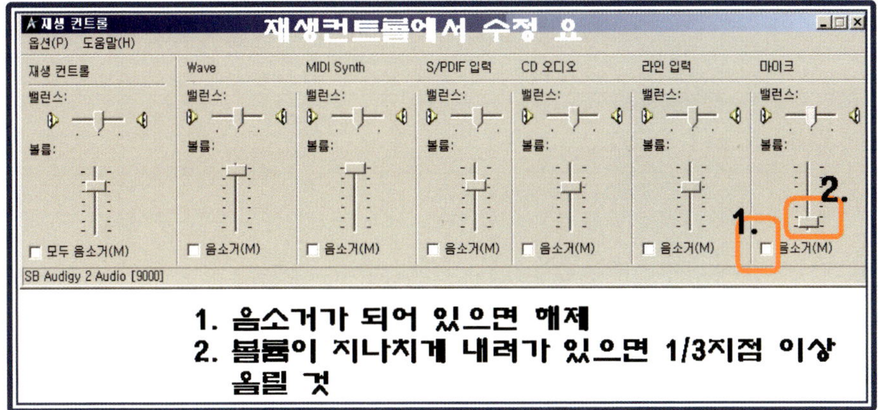

재생 컨트롤에서 '음 소거에 체크'되어 있다면 아예 음이 나오지를 않는다. 초보자들이 가장 어려워하는 부분이다. 이제 소리가 스피커에 나온다고 하여도 녹음이 된다는 보장이 없다. 한 번 더 볼륨조절에서 녹음을 선택하고 mic. 선택을 하여야 녹음이 보장된다. 책에 서술되어 있는 기능이 다 안보일 수도 있다. 무조건 mic를 선택하면 된다.

라. 스피커를 통해 소리는 나오는데 녹음이 안 되는 경우

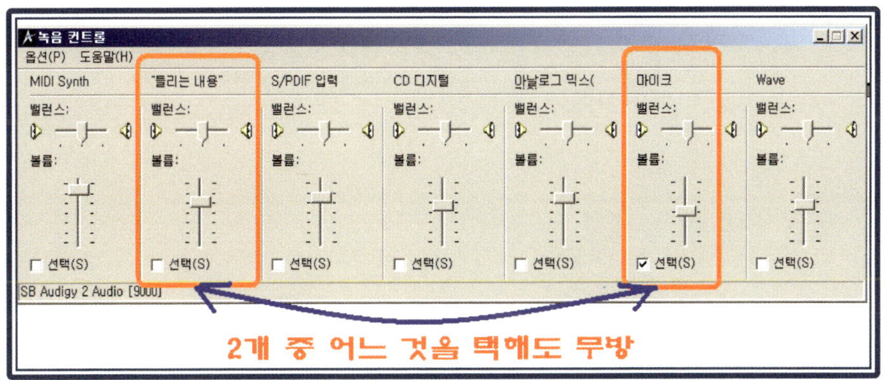

3. Wavelab을 열고 녹음 버튼을 선택

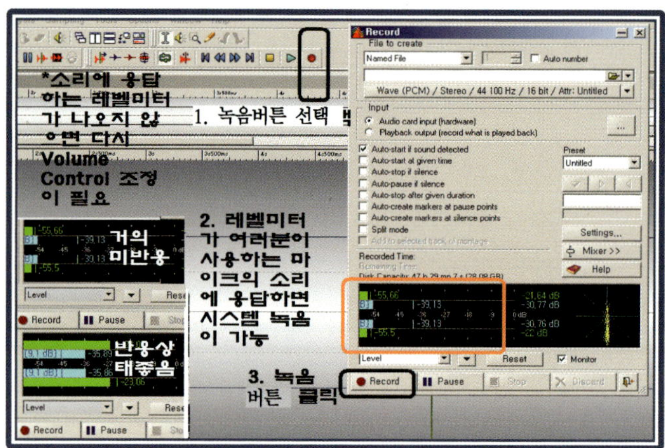

4. Mic의 입력레벨이 전혀 없을 때는 다시 볼륨조절을 하여야 한다

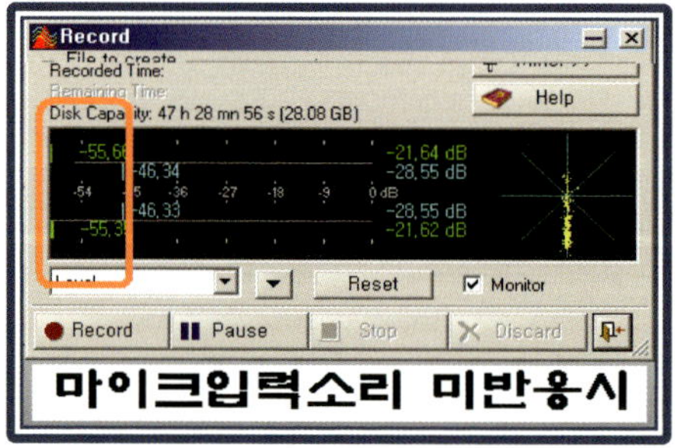

5. 녹음 버튼을 누르자

아래 그림의 1과정만 한다. 녹음이 끝난 후 스톱 버튼을 누르자. 녹음 시 약간 주의를 기울여야 할 부분은 아래와 같다.

1) 항상 마이크를 손으로 잡아 딸그락거리는 소리, 바삭거리는 소리가 들
   어가는데 마이크는 아예 잡지도 말자. 노래방의 습관에서 벗어나자.
2) 치찰음의 문제가 생기는 이때는 천 조각, 스펀지, 양말, 손수건 등을
   마이크에 감아 미리 조심한다.
3) 마이크와 적당한 간격을 띄우자. 컴퓨터 마이크는 흡입성이 강하다.
4) 멘트가 있다면 항상 더듬거리거나 발음이 잘못되면 처음부터 다시 하
   려고 한다. 항상 틀린 부분의 앞 문장 시작하는 시점에서 다시 시작하
   여 시간을 절약하여야 한다.
5) 스튜디오가 없으면 녹음이 안 되는 줄로 아는데 그냥 조용한 시간대를
   골라서 하는 편이 좋다.
6) 대사녹음은 조용한 방, 그리고 디지털 레코더로 하여서 USB를 통해
   입력해도 좋다.

6. Wavelab의 스톱 버튼을 클릭한다

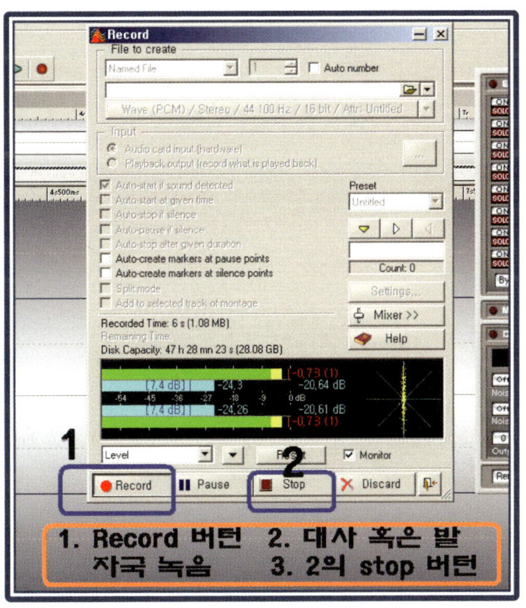

7. 시각화된 사운드 파일의 이름은 Untitled1, 2……로 형성된다

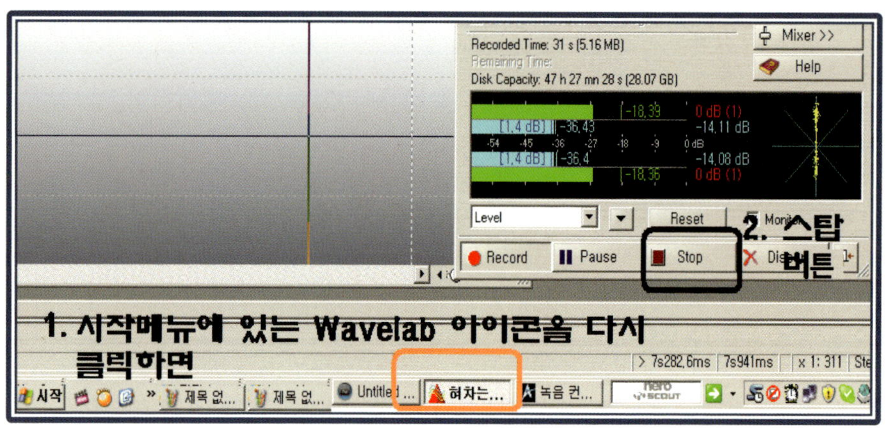

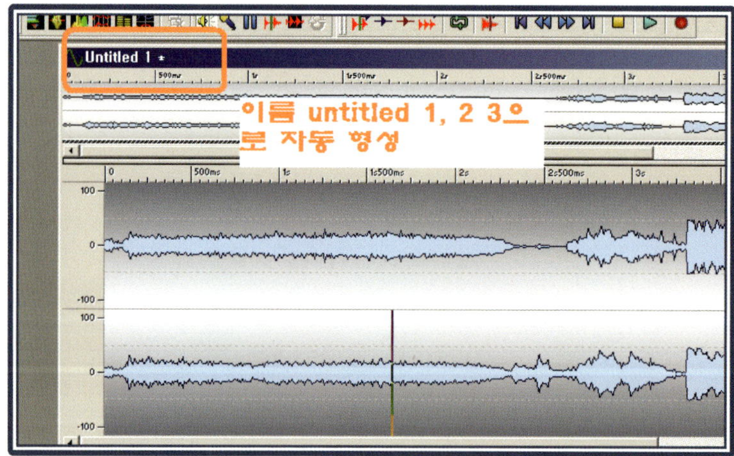

8. 이 파일을 Save as로 저장한다

이유는 원본 파일을 보호하기 위해서이다. 동시에 필요한 포맷으로 변환하여도 된다. Save이 현재의 포맷으로 원래 보관되어 있던 장소로 보내는 역할이고 Save as는 원하는 위치는 물론 포맷을 바꾸는 역할도 한다.

9. 음성파일을 정리하자

지금은 음성을 가장 단순한 기능만을 사용하여 편집 정도의 과정만을 시행하는바 chapter 4에서 배운 기능만을 쓰자. 소리는 영상과 달리 0.05초 정도만 이상이 있어도 우리는 문제가 있음을 느낀다. 사운드에 감각이 있는 학생은 이미 무엇을 해야 하는지 알고 있을 것이다. 원본을 깨끗이 정리한다고 할 정도로 파일을 정리하자.

가. 파일 자세히 보기 Zoom 기능 사용

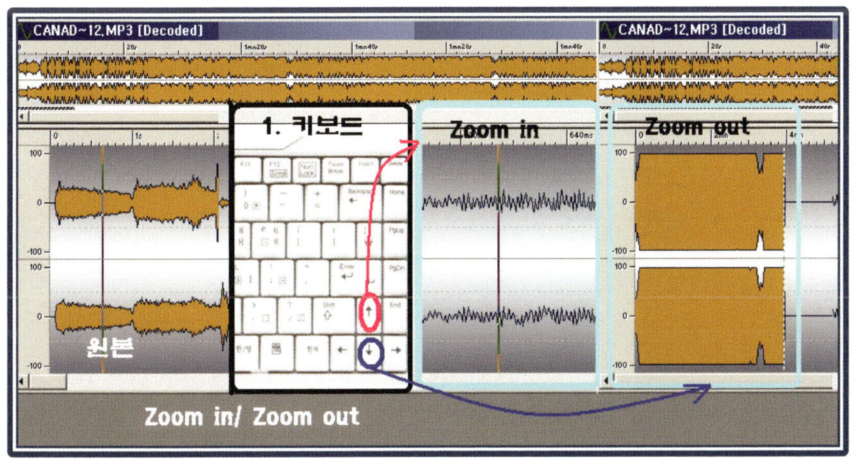

나. 파일 미세정리

파일 미세정리는 음세기를 줄이거나 불요한 파형을 제거하는 데 좋다. 대체로 음성 녹음을 하였을 경우에는 녹음 시 약간의 주의가 필요하다. 초보자들에게 녹음 시 닥치는 문제들로는 항상 아래와 같은 작은 문제가 대두된다.

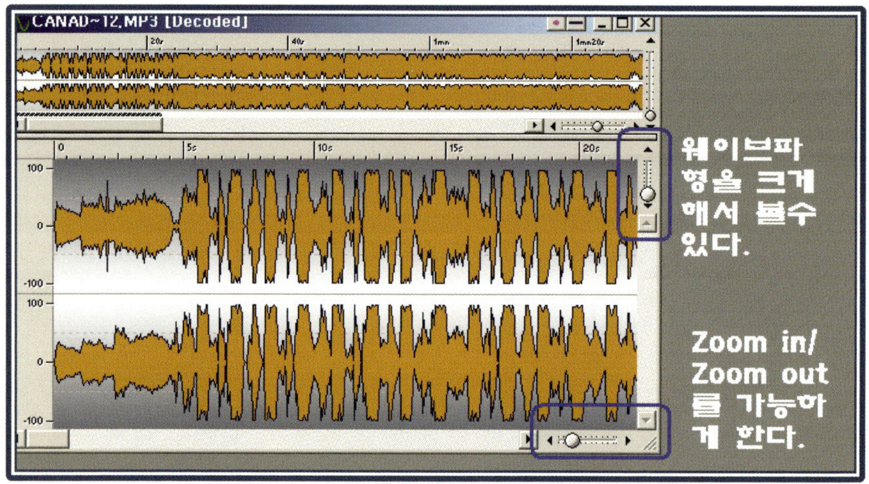

1) Ctrl + Space Bar의 유용성

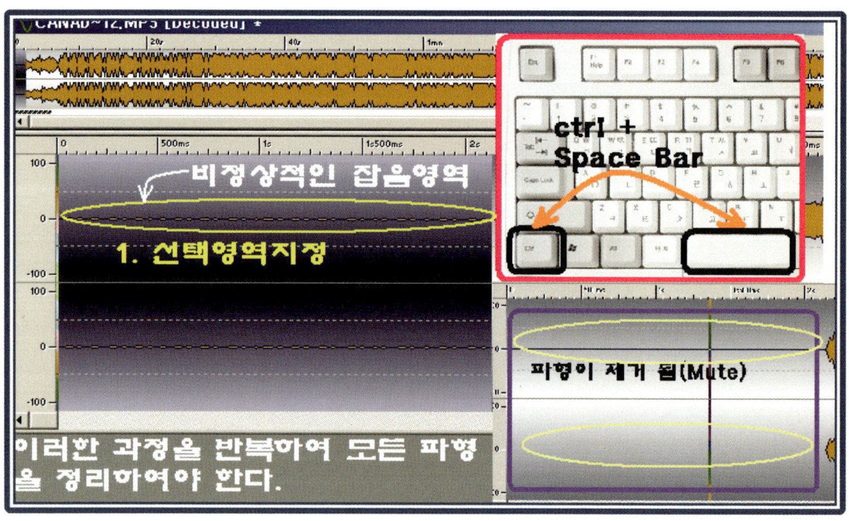

2) Delete, cut 기능을 사용하여 멘트 시 들어간 잡음 혹은 발음에 실수하
여 중복된 문장을 제거한다

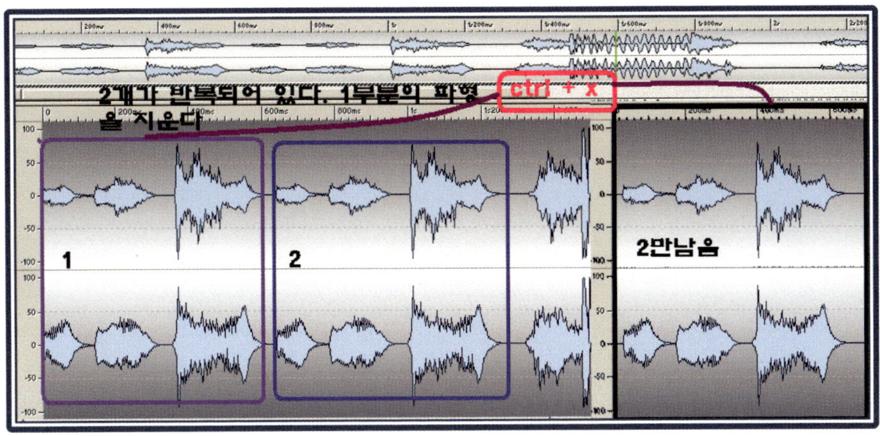

음성의 초기 편집은 너무나 중요하다. 섬세하고 완벽하게 만들어 가야 다음 작업에서 편해진다. 책이라는 한정적인 서술방법으로 표현의 극대화가 어렵지만 사운드 초기 편집 시에 완벽하고 적절한 볼륨이 설정되지 않았다면 다음 작업, 즉 영상과 합하는 작업에서 고품질의 완성이 어려워진다. 일단 여러분이 만든 음성에 대한 깨끗한 정리를 당부하자. **Ctrl** 키를 왼손으로 잡고 그 이외의 필요한 키를 누르면서 오른쪽 손은 마우스를 움직이며 필요한 위치를 찾을 수 있도록 연습하자.

10. 이제 영상 프로그램을 사용할 차례이다

우리가 영상 및 음성을 동시에 만들 상황이 아닌 타인에게 공급하는 사운드 제작자로서 필요한 것은 정갈한 사운드이다. 따라서 필요한 만큼 다시금 정리가 필요하다. 사운드를 정리하여 상대방의 원본 영상에 앞부분부터 맞추면 그대로 사운드 동기화가 일어나기 때문이다. 이것이 디지털의 장점으

로 아날로그 시대와는 다른 하드웨어를 다루지 않기 때문에 테이프나 혹은
물리적인 기자재의 특성에 맞출 필요가 전혀 없기 때문이다. 편리성에 의해
다시 베가스를 불러낸다.

11. 필요에 따라 잡음제거 등 다른 특수한 효과가 필요하다

  이럴 경우에는 녹음된 사운드 파일을 다시 불러내어 6장의 내용을 참고하
면서 사운드 처리를 하자. 이럴 경우 절대로 중간 파일의 시간을 끊어서는
안 되는 것이 0.1초라도 틀리게 되면 동기화 작업이 시간이 맞지 않아 제대
로 이루어지지 않는다는 것이다.

Chapter 6

음성잡음 제거

지금까지 제작된 사운드의 포맷은 wav, mp3, wma를 중심으로 최종 완성되었다. Chapter 1에서 Chapter 5까지는 실제로 사운드의 입문 과정으로서 대학에서 3학점 주당 3시간 교육 정도로 충분히 가능하다고 본다. 우리나라에는 영상 관련 학과가 약 2001년 전부터 생기기 시작하였는데 대체로 사운드에 전 학년을 통틀어 6학점의 배치를 하고 있다. 하지만 학생들은 주로 영상을 위주로 하여 별다른 관심이 없거나, 영상보다 어렵거나, 혹은 교수의 강의 시 영상과의 접목관계가 제대로 형성 안 되거나, 혹은 지나치게 외형에 치우쳐 사운드 하면 멋있는 스튜디오와 Protool의 장비가 받쳐 주어야만 한다고 생각하여 포기 상황인 경우가 많았다. 지은이의 재직대학에서도 수억 원대의 장비와 지은이의 컴퓨터로 맞장을 둔 적이 있다. 물론 나의 승리다. 왜냐하면 우리가 최대로 필요한 것은 영상촬영 시의 동시녹음과 대사녹음이 전부인 것이다. 결코 우리에게 위대한 수십 채널을 필요로 하는 대오케스트라의 녹음 기회는 한 번도 없기 때문이며 또한 수업은 학교에서 진행되어야 하는 관계로 그러한 장소를 방문해야 하는데 수백 리나 멀리 떨어져 있기 때문이다. 학습자들은 1. 내가 영상을 촬영할 때 얼마나 현장음을 잘 녹음하는가에 대한 최소한의 Hardware(녹음기자재)에 대한 지식과, 2. 가능하다면 Wavelab과 Sound Forge를 사용하여 그 소리를 좀 더 명확하게 만들어야 한다고 본다. 그 가장 쉬운 방법이 잡음제거이다. 이 장에서는 지금까지 연습한 웨이브를 불러 놓고 연습해 보자. 음성은 볼 수 없고 들어야만 하는 관계로 잡음제거에 문제가 많다. 상대적으로 청음이 좋아야 한다.

1. 가장 많이 필요한 사운드의 분야(영상 관련 학과)

가. 동시녹음

우기와 같은 붐 대를 사용한 수음에 있는데 체력과 센스가 필요해 많이 필요하긴 해도 사운드에서는 3D업종이라 인력을 구하기 어렵다. 하지만 영상제작 시 동시를 잘해 오면 정말 수월해진다. 따라서 동시녹음에는 붐 마이크 - 믹서 - 영상오디오에 기록 혹은 오디오로 저장해 두었다가 나중 영상과 혼합/붐 마이크 - 즉각 비디오 캐논단자를 통해 카메라에 저장(소규모)/그대로 비디오카메라로 영상과 동시녹음을 할 수가 있다.

나. 사운드 처리

녹음한 소리 혹은 필요하여 다시 녹음할 대사를 재작업하는 것이다. 이 과정에서 소음 제거가 필요하다. 또한 소음 제거는 물론 그 외 사운드의 음을 여러 가지로 변형시키는 효과의 과정도 있다고 볼 수 있다. 따라서 사운드 디자인 분야를 비싼 기기를 사용한다면 사운드 전문 분야에 넣을 수 있지만 기껏 기십만 원 하는 아무 사운드 칩만 있는 컴퓨터를 사용하면 되는데 영상 관련 학생이 접근을 못 한다는 것이 안타까운 현실이다.

다. 영상에서도 Multi가 필요하다

조언 하나 하자! Multi Media는 결국 Multi(복합, 다중)를 양성한다. 그럼 Multi는 뭐냐? 좋게 말하면 '3~4인이 하는 것을 혼자서 다 할 수 있는 사람'이며 나쁘게 말하면 '뭐 하나 제대로 하는 게 없는 사람'이라고 윽박지를 수도 있다. 여러분이 실력이 없다면 깊이 있게 한 우물을 주장할 것이고 여러분이 사장이라면 혼자서 2기능 이상 하는 사람을 선호할 것이다. 별로 어렵지도 않은 것을 가지고 왜 한 우물인가? 인생은 길다. 이제 융합이 시작되었다. 최소한 3~4년에 1개의 전공을 더 가져야 한다. 일생에 2~3개의 전공을 가져야 경쟁에 이길 수 있지 않을까! 나이가 30이 될 때까지 아주 어려운 몇 개 분야를 제외하고는 인접한 분야의 전공을 3년에 1개씩 추가하여야 그래도 40이 넘고 50이 넘어도 약간의 품위를 유지하게 된다는 것을 잊지 말자. 지은이는 학부과정을 음대를 졸업하였다. 다들 음악에 살고 음악에 죽는 마음이었지만 이제 50이 넘은 지금 아무도 그런 이야기를 하는 사람은 없다. 아름다운 모습은 사라지고 남학생 중 30%는 대머리에, 70%는 배불뚝이로 변해 아이들 학비 걱정하고 있다. 여학생 중 80%는 다들 오동통 너구리로 변해 아이들 학비를 위해 오늘도 피아노를 가르친다. 내 팔자야 하면서!

2. Wavelab상 소음제거, 잡음제거와 관련된 부분

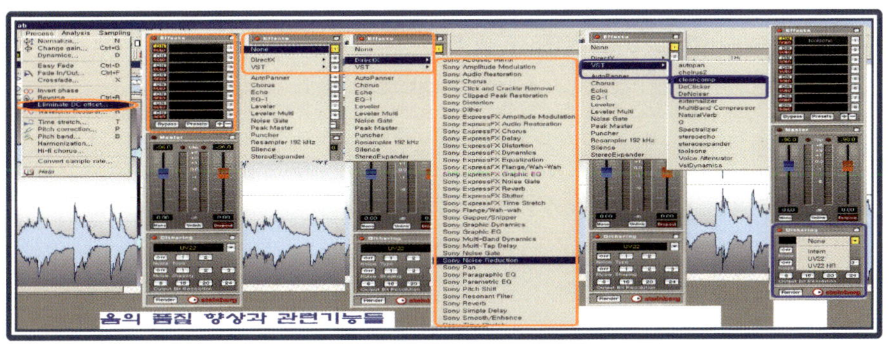

가. 일단 웨이브 파일의 선택영역이 있어야 한다

그냥 놓아두면 전체 파일이 되고 **Ctrl＋A**는 전체 선택이며 필요한 영역을 설정하면 그 영역이 처리하고자 하는 구간이다. 가장 많이 사용되는 기능부터 공부해 보자.

나. Direct X와 VST

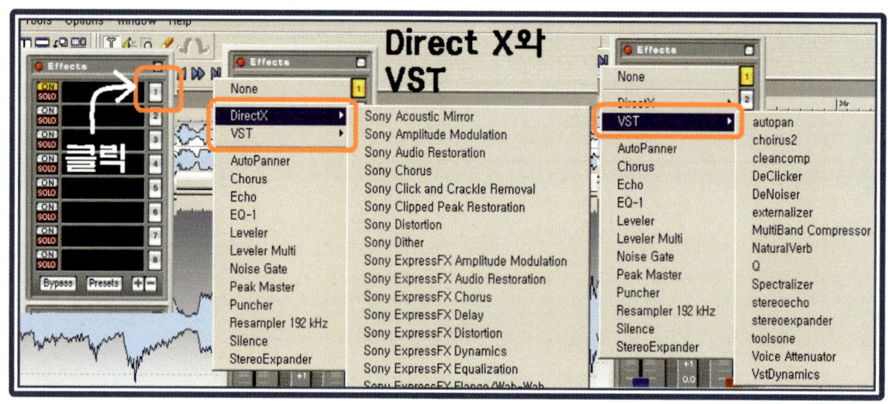

1) Direct X(출처: daum 백과사전에서 인용)

Micrsoft사의 윈도우 체제에서 게임, 영상, 음성을 위한 제반 기술을 의미한다. 이러한 제반 기술들은 게임 혹은 영상에 대해 영상 자체, 입체영상, 사운드 자체 등에 대한 특수한 효과를 의미한다. 이러한 목적을 위해 만들어진 테크닉은 주로 소프트웨어적인 기술로서 영상을 빠르게 움직이거나 색상을 멋있게 만들거나 자막처리를 선명하게 하거나 입체영상을 원활하게 하거나 등의 기술과 사운드에 있어서는 방향성을 강조하는 것, 소음제거에 사용하는 것, 잔향처리를 하게 하는 것, 음을 왜곡되지 않게 하는 것 등 수십 종이 있다. 크게 보면 2차원적인 'Direct Draw', 3차원적인 'Direct 3D', 입체 음성을 위한 'Direct 3D sound', 인터넷상 게임을 위한 'Direct play', 게임용 입력장치를 위한 'Direct Input' 등의 수십 종이 있다. 이 전부를 'Direct X'로 칭하고 1995년부터 개발되어 왔으며 이 전부가 윈도우 기반을 바탕으로 제작되었기 때문에 저작권의 관련과 관계없이 window상에서는 전부 사용이 가능하다.

2) VST(Steinberg's Virtual Studio Technology)

독일 Steinberg사의 음성을 위한 플러그인(Plug-in)으로서 레코딩, 사운드 처리, 신디사이저의 효과 등에 사용되는 프로그램이다. 이것의 목적으로 아날로그 기기를 사용 시 그 기기의 가격이 높아 일반인들이 살 수가 없는데 VST를 사용하면 그러한 기기사용 없이 소프트웨어적인 방법을 사용하여 가상의 스튜디오 효과를 누릴 수가 있다는 것이다. 과거에는 Steinberg사의 제품에만 이러한 기술이 통용되었는데 지금은 많은 회사와의 협조 관계 속에 vst의 기능을 사용하고 있는 범용화 과정의 플러그인(Plug-in)들이다.

Direct X든 VST든 그 목적은 사운드의 가장 주된 목표인 잡음제거, 방향성 주기, 음원의 볼륨이 정상 이상 올라가는 것에 대한 조절, 일정한 볼륨 이하는 묶음, 잔향 혹은 에코 주기 등의 같은 목적을 가지고 있다.

Wavelab상의 Direct X와 VST

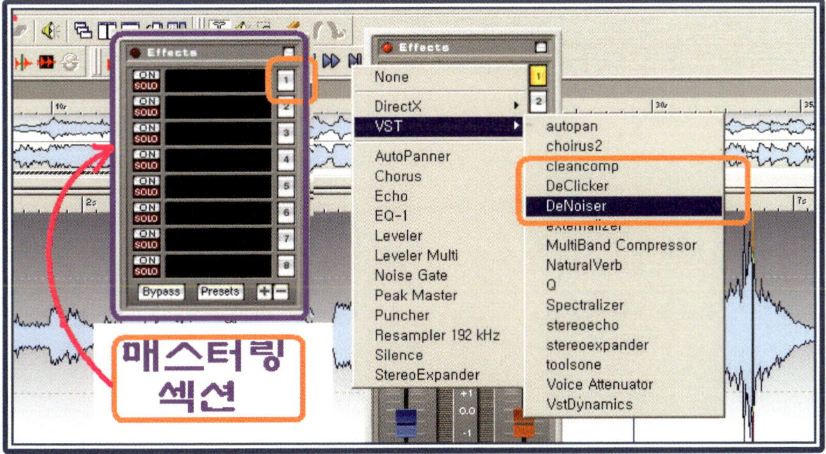

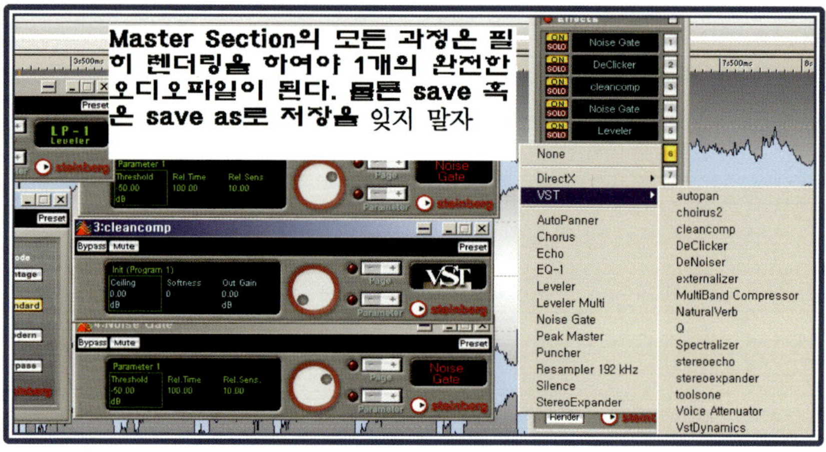

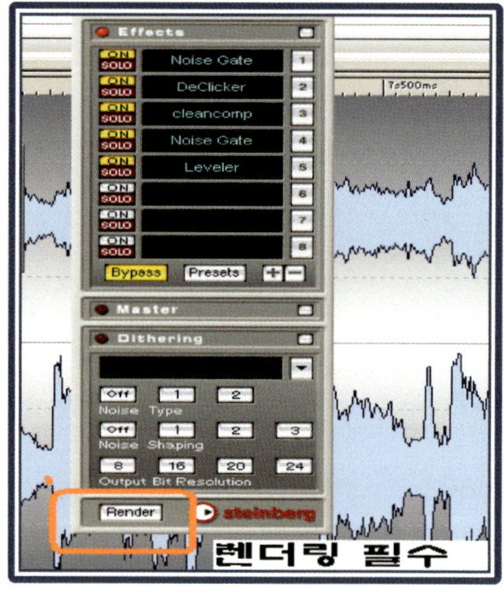

3. 주요 기능들

가. DeClicker

원래 **click**라는 말은 설타음 즉 혀를 입천장에 붙여 내는 소리인 '쯧'과
같은 소리이다.

ⓐ 1개의 '쯧' 혹은 '폽' 혹은 '솨' 하는 소리 제거

ⓑ 과거의 비닐(LP 레코더)에서 녹음한 먼지에 바늘 걸리는 소리

ⓒ 마이크의 딸가닥거리는 스위치 음 제거

ⓓ 녹슨 연결단자로 인해 생기는 잡음

ⓔ 증기 등이 빠져나오는 소리

ⓕ 탄산음료에서 거품 빠지는 소리

ⓖ DeNoiser와 같이 Hiss 잡음제거에도 사용(동시사용)

ⓗ 클릭의 연속적인 소리(Crackles)에는 큰 영향을 끼치지 않음

1) Declicker의 주요부분 설명

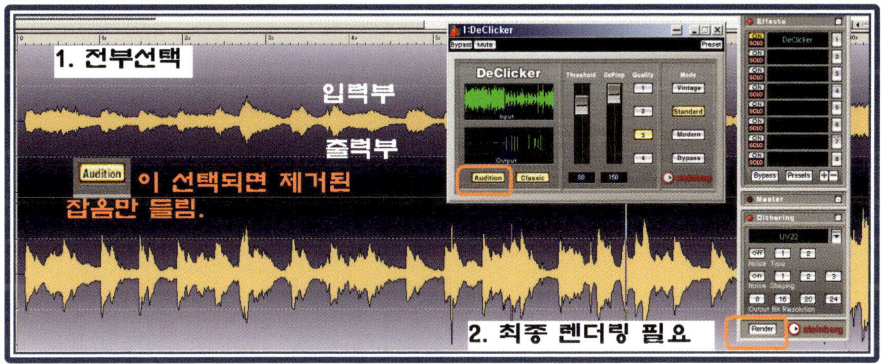

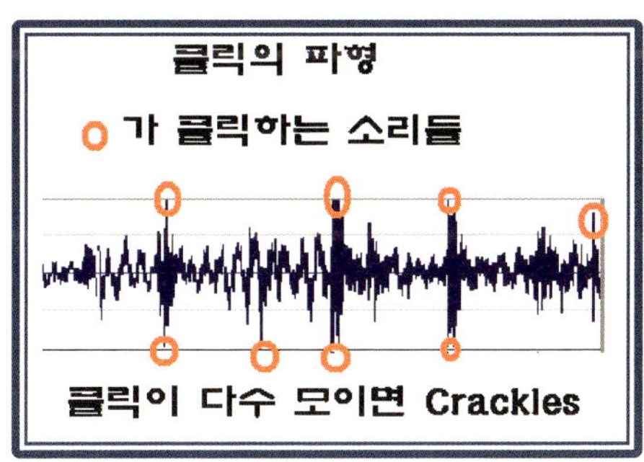

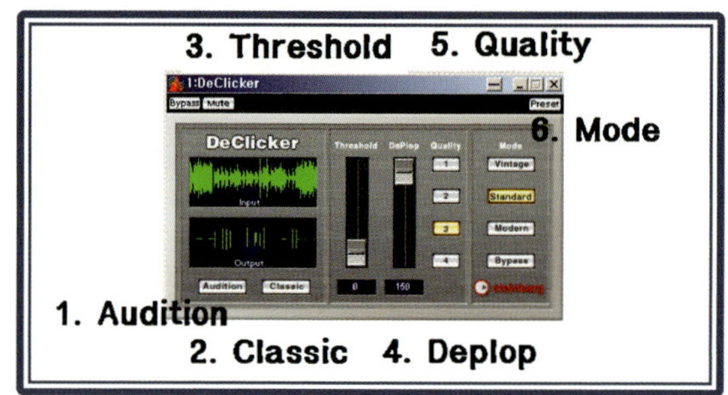

1	audition	audition이 선택되면 제거된 잡음만 들린다.
2	classic	가청영역 내의 클릭을 제거한다. 하지만 아주 빈번히 연속되는 click은 잡지 못한다.
3	Thre - shold	잡음의 음세기의 기준을 정해 준다. 수치 값이 −0에서 99 다음 off까지가 되는데 낮은 숫자로 갈수록 더 많은 가청 주파수의 클릭소리를 잡아낸다. 하지만 소리의 변형도 있을 수 있다. 따라서 audition을 선택하여 제거된 소리가 잡음이 맞는지 확인이 필요하다.
4	DePlop	(풍덩, 펑 하는 소리): 150㎐ 이상의 소리만 통과시키고 그 이하를 다루는 기능인데 클릭을 제거하고 난 뒤에 주로 나타나는 현상인 plop을 제거한다. 0~150(0~150㎐)의 수치가 있으며 주파수 대역이 좁은 고전녹음 형태의 음성에 적합하다.
5	Quality	잡음제거 품질은 1, 2, 3, 4가 있는데 4가 가장 좋은 품질을 의미한다. 하지만 어떤 경우는 적합하지 않은 경우도 있어 주의를 요한다.
6	Mode	Standard	가장 먼저 시도를 요하는데 일반적인 음악녹음상태
		Vintage	아주 오래된 골동품 상황(1940년 이전)
		Modern	주파수 대역이 넓은 현대음악에 적합하다.
		Bypass	효과가 들리지 않고 화면상으로 비교만 하는 것을 말한다.

나. DeNoiser

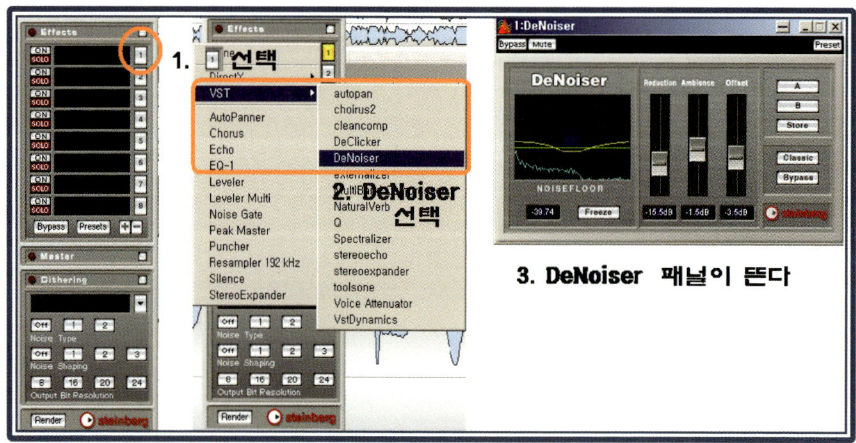

원래의 사운드에 전혀 영향을 끼치지 않고 광범위하게 퍼져 있는 잡음들을 제거한다. 상기 그림에서 실선은 원래의 사운드의 경로과정이며 점선은 잡음제거 신호를 의미한다.

1) Noise Floor(노이지 플로어): 측정범위 안에 있는 불필요한 신호와 잡음의 근원의 합산을 통해 만들어진 신호들에 대한 측정을 Noise Floor이라고 한다. 주로 라디오 무선 전파(중파, 단파, 극초단파)의 송수신에 있어 Thermal Noise(수신기 전송 선로 또는 전파 매체 내에서 열 교란에 의해 발생하는 잡음으로 열에너지에 의해 발생하는데 온도가 높을수록 잡음 전압이 커지며 주파수 분포가 넓은 범위에 이른다.)와 송수신 하드웨어의 몸체 자체의 흡수력으로 인해 생기는 웨이브들이다. 따라서 녹음 기자재의 발열로 인한 잡음 생성도 그 원인이 될 수 있다. 이 노이지 플로어는 이 노이지 플로어의 최소한을 유지하도록 제한받는데 값은 평균점의 음세기보다 약한 것 이하로 제한을 한다. 디지털 신호처리에서는 임의적으로 그 값을 조정할 수가 있다.

2) Wavelab에서의 DeNoiser는 3개의 주요기능으로 나눈다.
ⓐ 푸른색 라인
ⓑ 노란색 라인
ⓒ 초록색 라인

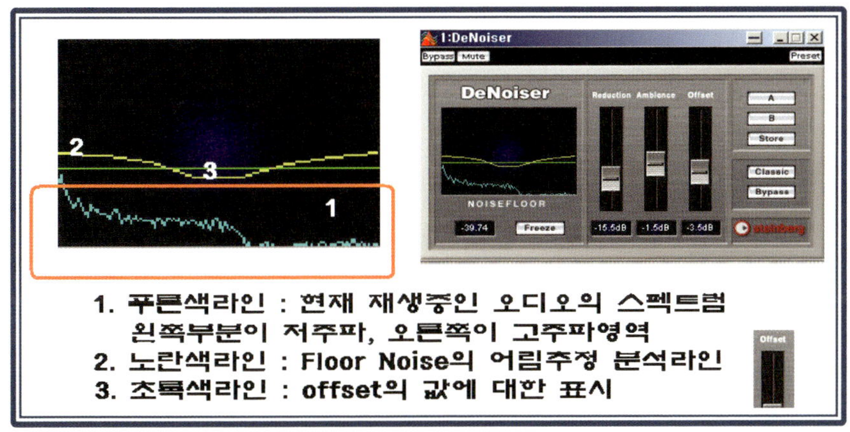

3의 초록색 라인은 필히 2의 노란색 라인과 근접한 위치에 있어야 좋은 결과를 낳을 수 있다. 상기의 3선의 가장 이상적인 위치는 위로부터 노란색 라인(2번선), 초록색 라인(3번선), 푸른색 라인(1번)이다.

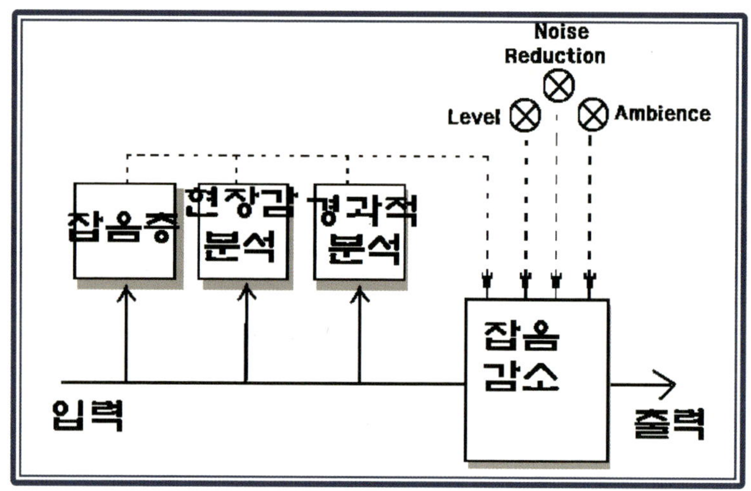

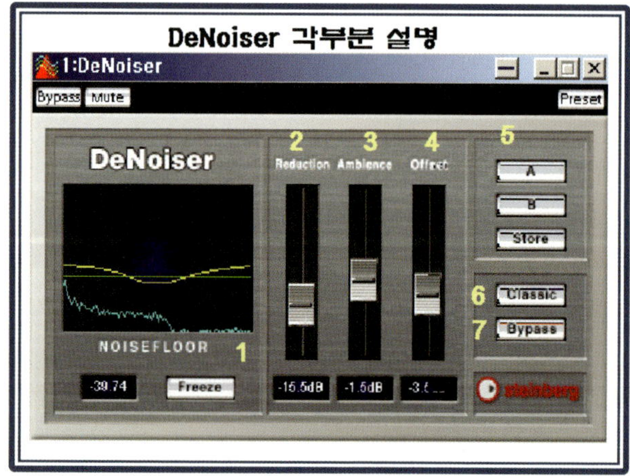

번호	용 어	내 용
1	Freeze	Freeze가 선택되면 Noise Floor의 현재의 값을 고정시키라는 의미
2	Reduction	잡음제거의 정도를 dB로 보여 주는 창으로 Ambience의 수치 값에 의존하여 최종 수치 값이 결정된다.
3	Ambience	잡음축소와 주변 환경의 자연적인 결과에 대한 비율을 조정하는 것으로 적은 수치는 Ambience의 현장감을 낮추고 높은 수치는 현장감을 높이나 잡음축소는 덜 이루어진다.
4	offset	잡음감소의 전체적인 레벨을 조정하는 것으로서 이상적인 잡음감소는 최소한의 음색변화를 수용하는 것인데 그 그래프가 Noise Floor 레벨보다 아주 약간 위에 위치하게 하여야 한다. 상기 그림에서 노란색 라인(시작점에서 맨 위)이 Noise floor이며 초록색 라인(중간의 일자로 된 것)이 offset의 수치이다.
5	A/B 셋업	A/B 셋업: 즉각적으로 사용 가능한 2개의 Denoiser 셋업 장치로서 상호 간에 비교해 볼 수 있다. 절차 1. A를 위한 세팅 준비 2. Store 버튼을 클릭하고 A의 버튼을 클릭 3. B를 위한 세팅 4. Store 버튼을 클릭하고 B의 버튼을 클릭 이제 A, B가 셋업되고 A/B를 선택하면서 비교하면 된다.
6	Classic	Classic 버튼이 채택되면 CPU에 평상시보다 적은 부하가 걸린다. 컴퓨터 사양이 낮은 경우에 사용하지만 권장을 하지 않는 기능이다.
7	Bypass	Bypass가 선택되면 그 결과를 귀로 들을 수가 없다. 따라서 세팅된 수치의 오디오와의 비교를 위해 사용된다.

다. Eliminate DC Offset

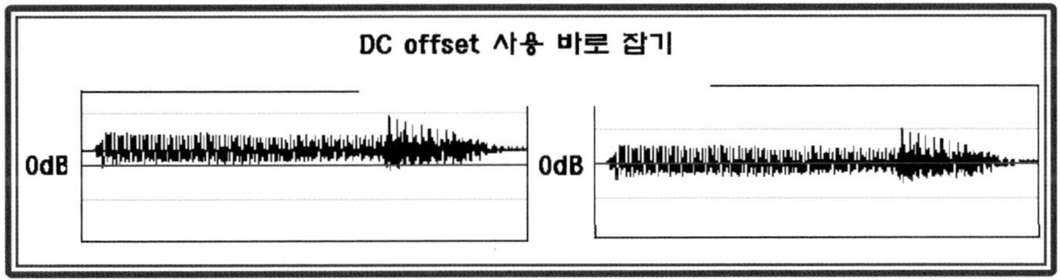

여러 가지 종류의 녹음기자재를 사용할 때 상호 간의 호환에 문제가 있을 때 발생하는 문제점을 제거하는 기능을 가지고 있다. 모니터에서 사운드 파일의 영점이 바로 잡히지 않아 파일들 상호 간의 부드러운 연결이 불가능하여 끊어지는 느낌이 나며 다른 사운드 처리를 하고자 할 때 이상적인 결과를 얻을 수가 없다.

1) 선택영역 설정 및 Eliminate DC Offset 선택

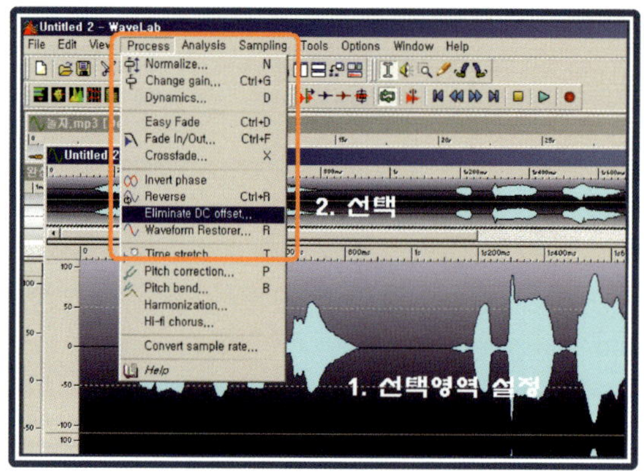

2) 제거확인 창이 뜸/OK 선택

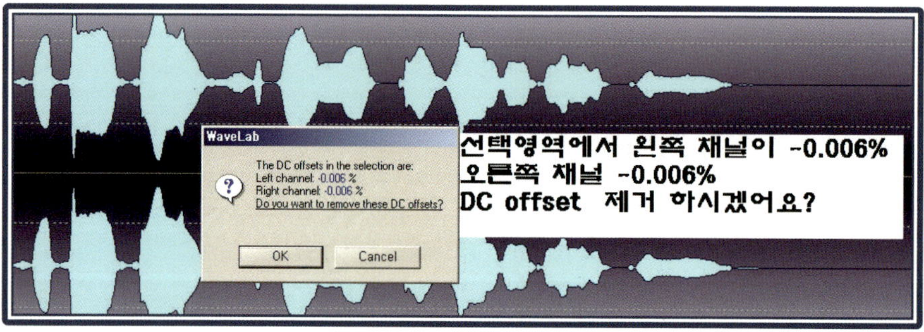

라. Waveform Restorer(파형복구)

이 기능은 오디오 파일의 간헐적인 클릭과 폽 소리를 제거하는 기능으로
높은 줌을 사용하여 보는 것이 정밀함을 찾기에 편리하다.

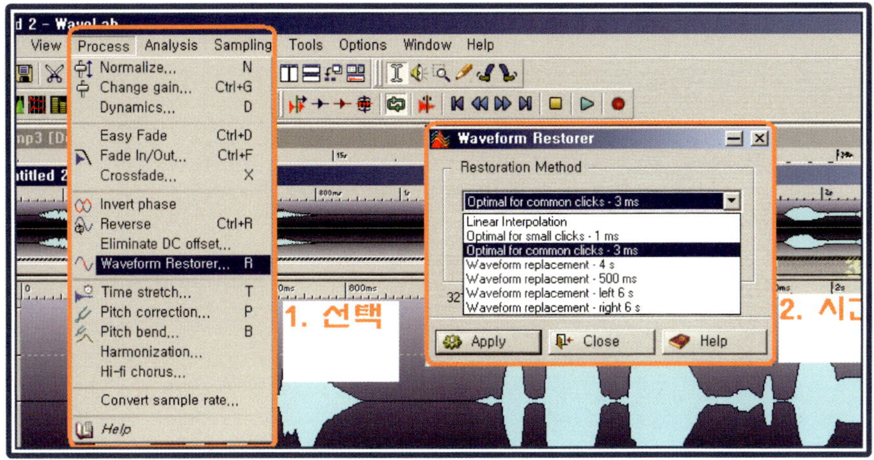

1) 먼저 없어진(끊어진) 웨이브 파형을 찾아보자.

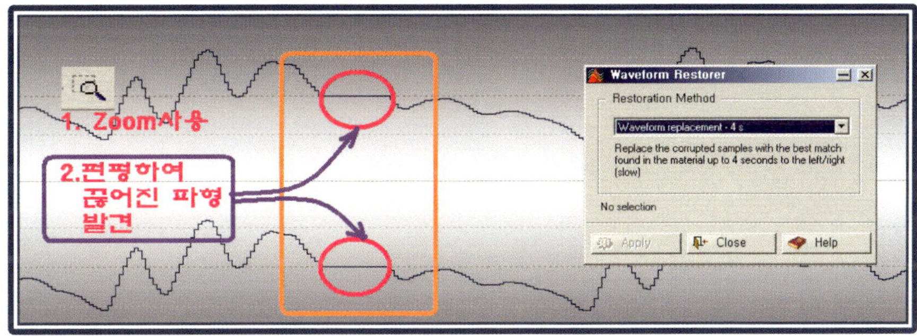

2) 파형복구: 항상 선형의 파형은 쏴 하는 소리를 파생시킨다. 이를 원형으로 복구시키면 그런 잡음이 사라진다.

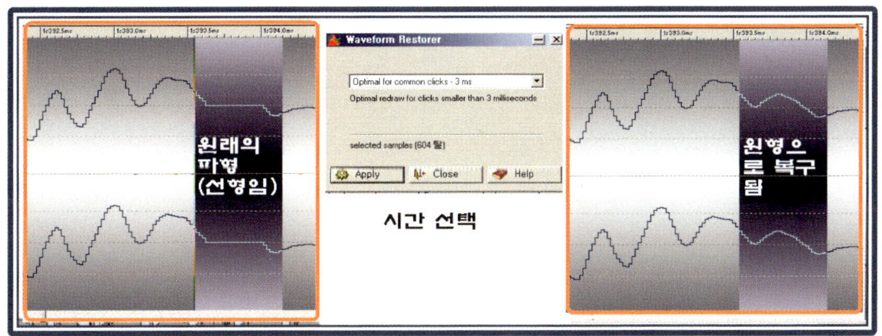

마. Audio error detection and correction(오디오 에러 찾기 및 수정)

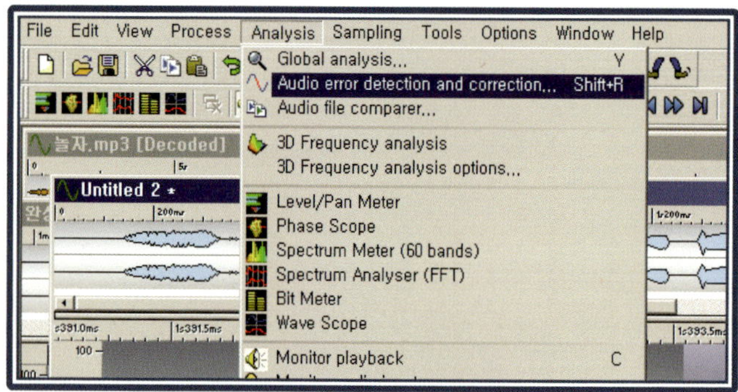

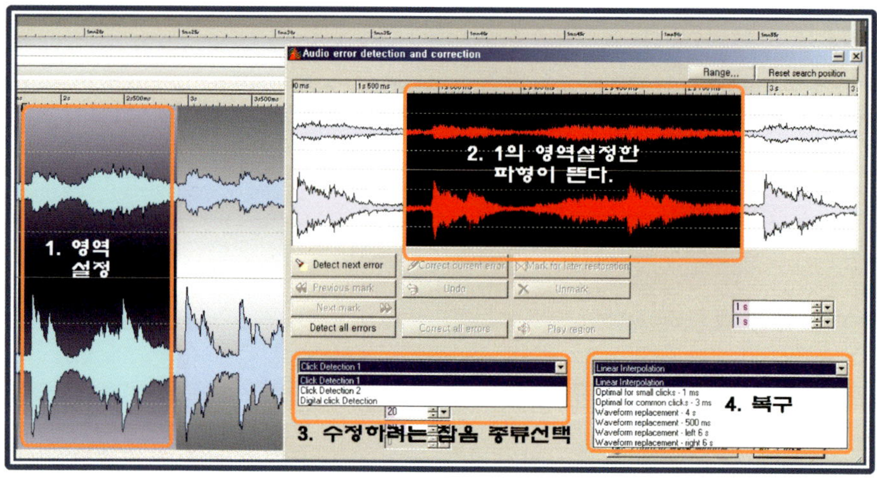

바. Noise Gate

  어떤 일정한 분기점 이하의 오디오 신호는 전부 묵음(Mute)으로 만들어
버리는 기능으로 원하지 않는 주변잡음과 잔향이 지속되어 가거나 타악기
트랙의 지저분한 소리를 깨끗하게 할 수 있다.

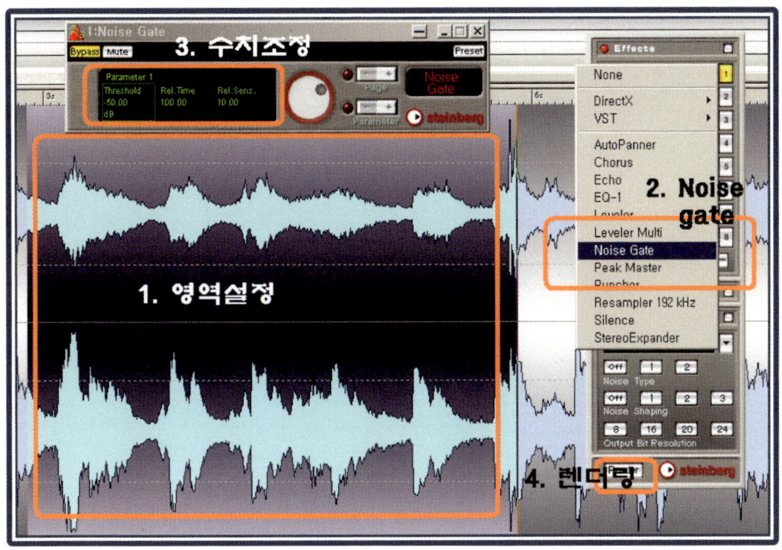

선 택	내 용
Threshold(−144~−12dB)	Noise gate 활동영역의 기준점으로 이 수치 아래의 오디오들은 묵음된다.
Rel Time (1~5,000ms)	Noise Gate가 분기점을 찾고 난 후 지속되는 시간을 결정
Rel Sens (1~100)	의도적이 아닌 실수를 막기 위한 방법으로 신호가 분기점 가까이 있을 때 사용된다.
Attack Sens (1~100)	낮은 번호는 빠른 경과 반응을 보이며 높은 번호는 부드럽게 하거나 묵음하기 위한 것

Chapter 7

Vegas 사용 영상 사운드 제작

1. 후시녹음을 통한 영상 사운드 제작/오디오카드

가. 이 책은 광범위하게 사운드를 제작하는 학생을 위해 학교에서 그동안 경험했던 교육경험을 통해 쓰였다. 지은이는 머리는 나쁘지만 학문에 대한 욕심은 많아 이 책에는 여러 사람에게 널리 알리고자 하는 내용을 담고자 하였다. 가장 초보로부터 사운드의 심화논리까지 가능하게 서술한 책으로 **Wavelab, Sound Forge,** 그리고 영상프로그램을 사용하는 학생층까지 이 책 한 권으로 사운드를 해결할 수 있도록 하는 것이 목표이다. 따라서 이 책에 는 영상프로그램은 **Vegas**를 선택하지만 **Adobe Premiere** 혹은 그 이외의 프로그램을 사용하여도 결국 제작방식은 같음을 이해하자.

나. 앞 장에서 설명한 바와 같이 영상에서 가장 많이 필요로 하는 사운드 는 ① 대사 치기, ② 발자국, ③ 옷 소리 혹은 액션 소리, ④ 현장감 효과 살리기 등이다. 배경음악은 작곡의 과정을 거쳐야 하는 관계로 남의 음악을 허락하에 사용하거나, 자신이 **MIDI** 프로그램을 이용한 작곡법과 함께 직접 음악을 만들어 사용하거나 아니면 **ACID** 계열 혹은 고급인 **CSound**를 사용 하면 만들 수 있다. 따라서 음악작업은 이 외에도 보다 더 넓은 전문적인 지식이 있음을 인지하자.

다. **Wavelab**은 음성엔진인 관계로 모든 영상의 시스템과 그 방식 혹은 포맷이 **wave, mp3**로 그대로 일치하며 **Vegas** 또한 이러한 기능에다 영상편집까지 가능한 관계로 별로 사운드 프로그램의 필요성을 느끼지 않는다고 볼 수 있다. 결국 5~6년 전의 음성과 영상으로 구별되었던 프로그램 자체가 1개의 프로그램으로 융합되어 가고 있다는 사실을 알았으면 한다. 다시 한 번 강조하건대 학생들의 제작환경은 항상 열악하여 녹음할 스튜디오가 없음은 당연하며 사운드 샘플조차 없어 가슴이 답답하리라 추측된다. 약간 고급화 과정이 필요하다고 사료되어 조금의 투자를 더하여 사운드조차도 프로로 만들기를 희망하면서 오디오카드를 소개한다.

라. 영상을 제작하는 학생이 사운드를 위해 가장 신경을 써야 하는 것은 출연자의 대사이다. 이 대사는 현장에서 동시녹음을 하여 이미 확보가 되었다면 문제가 없지만 실제로는 거의가 인력과 장비의 수급상 불가능한 경우가 많다. 결국은 동시녹음으로 해결하지 못한 사운드의 수급은 후시녹음을 통해 보완하여야 하는데 가장 저급의 방법으로 컴퓨터의 싸구려 마이크와 잡음제거 테크닉을 사용하여서도 좋은 품질을 기대하지만 만약 시간이 없다면 오디오카드를 쓰는 것이 더 좋을 것이다.

마. 일단 오디오카드 사용의 경우 적당한 5~10만 원 도의 마이크와 결합하여 조용한 시간대에 자신의 방이나 집 안의 가장 조용한 곳에서 대사녹음 혹은 발자국, 옷 소리를 제작한다면 실제로 프로 못지않은 영상 사운드를 제작할 수 있음은 앞 장에서 이미 열거한 바 있다.

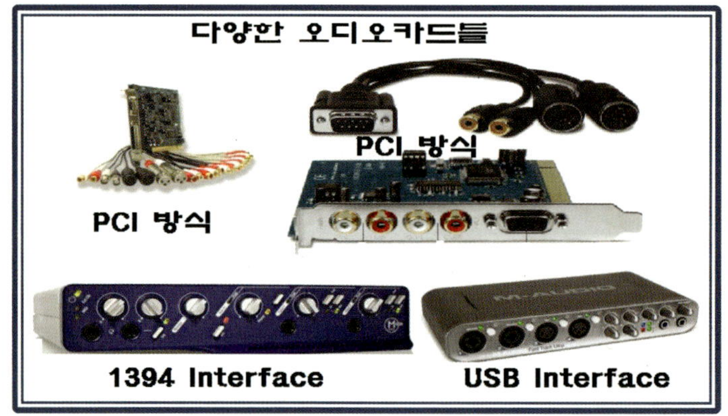

2. 영상 중심 프로그램의 역사

영상 사운드 제작은 녹음 및 처리는 사운드 전용 프로그램을 사용하더라도 사운드와 영상의 동기화는 영상 프로그램을 그대로 사용하는 것이 편리하다. 이미 영상프로그램은 음성의 여러 가지 형식(Format)은 물론 영상의 코덱(Codec) 등을 자체 내에 가지고 있어 도대체 이것이 영상프로그램인지 음성프로그램인지 혼동될 경우가 많다. 지은이는 Vegas 프로그램의 애용자로서 시중에 보편적인 영상프로그램 2개를 선정하라고 한다면 Adobe Premiere와 Vegas라 할 수가 있다. 또한 지은이는 시스템의 역사를 소중히 한다. 아래의 내용도 한 번 보고 넘어가자.

가. 디지털 영상 시스템의 역사

1) Avid system 역사

출시일	버전	채택 시스템	주요내용
1988년 4월 1989년 4월	Avid/1	이전 Apollo system/1989년 이후 Apple Mac	미국방송공동체에서 첫선프로그램은 George lucas가 개발한 'Edit Droid'/1989년 4월부터 공식적으로 소개(Media Composer System)
1992년	OMF	Mac/SGI	RISC 램사용 실리콘 그래픽 인티그레이티드 시스템에 채택 전 세계 영화편집, 방송국에 사용되기 시작, 100,000USD
1994년~1996년	Avid's Media Suite Pro	SGI	Media Suite Pro 1.1 CD 품질음성, 가격하락
1997년~1998년	Symphony	windows NT	비압축 방식
1999년~2000년	Avid Film Composer	windows	Avid 사용 오스카상 수상

2) Adobe premiere 역사

출시일	버전	채택 시스템	주요내용
1991년 12월	Adobe Premiere 1.0	Mac	첫 번째 출시 160X120 픽셀 아날로그 출력
1993년 9월	Adobe Premiere 1.0	Windows	첫 번째 IBM용 프로그램
1998년 10월	Adobe Premiere 5.1	windows/Mac	히트작/대학의 교과변경 시작/2D 애니메이션에서 주종으로 사용
2001년 1월	Adobe Premiere 6.0	windows/Mac	1394 Interface 제공/DV format
2003년 8월	Adobe premiere pro 1.0	windows	5.1채널 사운드
2007년 10월	Adobe premiere pro CS3	windows/Mac	소니 XDCAM MXF 사용 가능
2008년 11월	Adobe premiere pro CS4	windows/Mac	Final cut pro project import

3) Vegas 역사

출시일	버전	채택 시스템	주요내용
2000년	Vegas 1.0	Windows	다양한 포맷을 같은 타임라인에 넣고 편집 가능한 시스템 NLE시스템
2002년~ 2003년	Vegas 3.0	Windows	Madison이 개발/Sound Forge 및 ACID와 같은 계열 2003년 Sony가 합병
2003년	Vegas 4.0	Windows	Effect를 즉석에서 볼 수 있음. 4.0b에서 HD format 가능. 사운드에 좋은 기능 24bits/192㎑/ASIO 드라이버 채택
2006년 9월	Vegas 7.0	Windows	5.1채널/AVCHD
2007년 7월	Vegas pro 8.0	Windows	Protype Titler/SDI 등

4) Final Cut Pro 역사

출시일	버전	채택 시스템	주요내용
1999	Promax	Mac	1999년에 Mac에 소개되었지만 mac 컴퓨터의 판매 하양이 시작/Adobe Premiere와 대적
2003	Final cut pro	Mac	Final cut express와 premiere와 맞교환 정책으로 사업시작
2004년 4월	Final cut pro 4.5	Mac	HD 포맷
2006년 1월	Final cut studio 5.1	Mac	After effect와 상호 간 호환은 안됨.
2007년 4월	Final cut pro 6.0	Mac	Final cut studio 2

3. Vegas를 사용한 영상 사운드(동기화) 제작과 녹음

영상 사운드는 상당히 추상적인 개념이다. 가지고 있는 사운드를 영상을 보며 Timeline대에 놓는 것만으로도 영상 사운드라는 말을 할 수 있으나 이럴 경우 학문적인 영역은 전혀 없는 상업적인 측면만 강화되는 일종의 곰이 재주 부리고 돈은 사람이 버는 결과만 낳는다. 최근의 각광받는 직업 중 하나는 Sound Designer이다. 따라서 이 직업군은 사운드를 필요한 위치에 가져다 놓는 기능이 강화된 사람이 아니라 그 사운드조차도 저작권의 침해 없이 스스로가 제작 가능한 사람을 의미해야 한다. 이러한 사운드의 의미는 일차적으로 대사 후시녹음, 현장음 삽입, 효과음 삽입의 기능과 부차적으로 음악제작 혹은 음악화된 사운드까지 만들어 내는 것을 포함할 수 있다. 각 대학에서는 조금씩 다르기는 하지만 영상 사운드를 음악제작을 제외한 일차적인 작업으로 국한하고 있지만 많은 대학의 노력하는 교수들은 아예 음악 제작까지 가능하게 교육과정을 만들어 놓기도 한다. 하지만 실제로는 음악 제작까지 하기에는 학생들의 대다수가 무리를 가지고 있다. 그 이유로 음악을 제작, 즉 작곡하기 위해서는 음악적인 기량이 요구되는데 그 음악적인 기량의 습득이 하루아침에 이루어지는 것이 아니라 최소 6학점 이상 혹은 1년 정도의 작곡에 대한 지식을 가져야 하기 때문이며 음악의 특성상 상당한 재능과 자신감을 필요로 하기 때문이다. 또한 저작권법이 있다고는 하나 자신이 만든 음악이 정당한 대우를 받지 못하기 때문에 경제적인 이득을 취할 수가 없어 학습자에게 흥미를 떨어뜨리기 때문이다. 여하튼 영상에는 영상 음악이 필요하여 그 영상에 대한 감성 표현을 음악으로 하여야 하는데 기존의 음악체계를 사용하면 무난하지만 인건비 문제로 인해 컴퓨터 음악 중 특히 MIDI 혹은 CSound를 사용하여 음악까지 만들어 내는 인재들이 많이 양성되고 있다. 이 페이지에서는 영상 사운드는 대사, 현장음 제작에 포인트를 맞추고 서술해 나가고자 한다.

① 영상 보며 발자국, 옷, 액션소리 제작: 폴리(Foley) 작업 일부

② 영상 보며 대사(후시) 제작

③ codec 사용/이전 시 Format은 무엇을 할 것인가?

참고: <u>연출가 혹은 제작자로서 사운드 제작자에 유의사항</u>

1) 지나치게 많은 주문을 하여 사운드 제작자가 불가능한 영역인가 아닌가를 공부 좀 하자.

2) 자신이 감독이랍시고 타 분야까지 아는 척하며 남의 자존심까지 건드리는 행동은 삼가자.

3) 제작자 혹은 감독은 사전에 좋은 사람을 구하는 데 심혈을 기울이고 그다음에는 그 사람을 믿자. 세세한 것 간섭하지 말자. "내버려 두자!" 또한 이 분야는 테크닉의 분야가 아니라 눈에 보이지 않는 센스의 분야인 관계로 그 센스가 뛰어난 사람을 구하자.

4) 그 센스가 뛰어난 사람은 자동적으로 끼도 많아 자신의 스타일을 고집하지 감독자라고 해서 예예 하지는 않는다.

5) 칭찬을 많이 하자. 뛰어난 사운드 제작자는 거의가 음악을 한 경력이 있는 사람이다. 그 사람들 성질 더럽다는 것을 이해하자. 하지만 정도 많은 사람들이다.

가. Vegas로 영상 불러오기

Vegas로 영상까지 제작 가능하지만 Vegas로 영상 사운드를 제작한다는 가정하에 이 장을 서술하고자 한다. 우선 영상 제작 측에서 Kineco를 통한 영상이든지 디지털 영상이든지 서로 간에 호환이 가능한 영상을 사운드 제작 측에 전달하여야 한다. 이전에도 가장 무난한 format이 avi 아니면 wmv 형식이라고 설명한 바 있다. 받을 때는 그 영상에 이미 동시녹음을 한 음성이나 현장음

이 음성으로 있을 수 있다. 실제로 영상 관련 학과에서는 현장의 대사 및 현장음을 수음하는 데 혈안이 되어 있어 믹서와 지향성 마이크를 사용하여 좋은 음질을 가진 현장음을 수음하기 위한 것이 큰 고민거리로 대두되어 있다. 이 책은 현장에서 수음하는 분야를 사운드의 분야로 보는 사람도 많지만 사실은 인정하기 꺼린다. 그 이유는 무거운 마이크 붐 대를 들고 촬영 작업이 끝날 때까지 카메라에 보이지 않는 위치에 숨어서 촬영 작업의 수음을 하기 위한 과정으로 학문적인 영역이 거의 없는 육체노동의 성격이 강한데 이러한 작업을 사운드 디자이너의 한 분야라고 인정받을 수는 없다고 본다. 이러한 사운드를 수음 하였다면 최소한 그 분위기, 적절한 음량, 최종 동기화를 위한 작업, 불요한 음성에 대한 제거 등 재차 가공하는 편집, 잡음을 제거하는 영역, 영상에 동기화 및 방향성을 만드는 과정이 포함 되어야 그래도 사운드의 한분야로서 당당하게 경쟁력 있는 영상종합세계로 편입이 가능한 것이다.

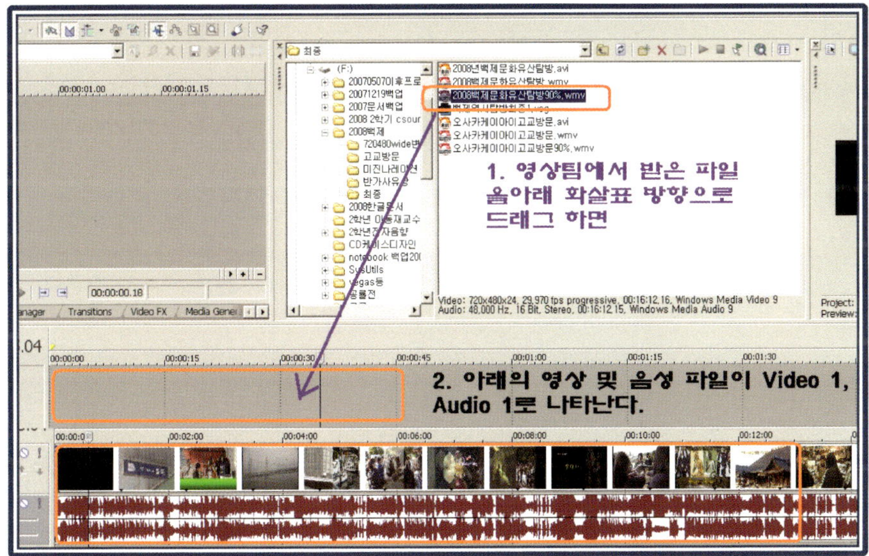

<우선 주의할 점>

1) 영상포맷의 상호 간의 논의

2) 사운드 제작 후 영상제작팀에 줄 때의 형식 협의

나. Vegas의 사운드 파일 다루는 중요한 기능들만 알자

영상은 이미 영상 제작 측에서 완전한 편집이 끝난 상황에 있다. 끝나지도 않은 영상을 사운드 측에 넘기면 사운드는 개략적인 아이디어 구상, 필요한 현장음 모음준비 정도의 작업만 가능하다. 0.1초라도 새로운 편집이 있다면 그 편집 부분부터는 사운드의 동기화가 맞지 않아 새로이 동기화해야 하는 지긋지긋한 과정이 되풀이되게 된다. 따라서 편집이 끝난 영상파일이 필요하다.

가지고 온 영상과 음성에 대한 파일 중 음성 파일은 이제 사운드 제작자에 넘겨져 있다. 사운드 제작자는 대사에 대해서는 시간을 줄이거나 늘이거나 끊지 않는 조건하에서 좀 더 맑은 소리로의 잡음제거와 볼륨조절, 효과음, 배경음악과의 음세기의 조절 등의 Mixdown의 과정이 필요하다. 이 장에서는 스테레오 사운드를 중심으로 기술한다(5.1채널은 기술적으로 어려운 것이 아니라 손이 많이 가는 단순하고 고단한 작업의 연속이다. 독자적으로 이 책의 말기에 기술하고자 한다.). 참! 다른 것은 만지지 맙시다. 만지라는 것만 만집시다! 괜히 만져서 선생님들 혈압 올리지 맙시다.

1) 전체적인 볼륨업 / 다운

2) 부분적인 볼륨업/다운

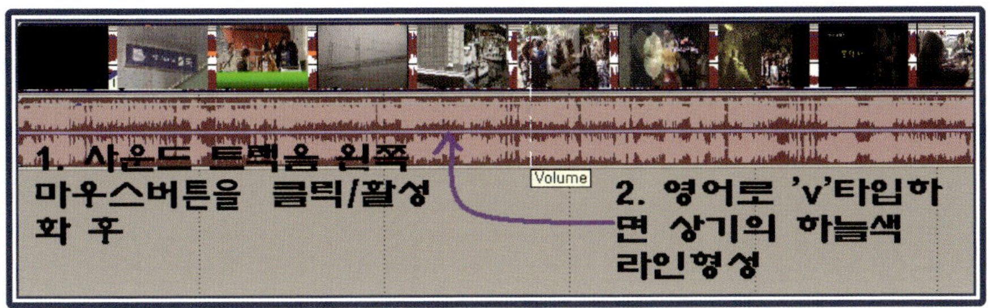

하늘색 라인을 기준으로 원하는 지점에 왼쪽 마우스 버튼을 두 번 클릭하면 사각 마크가 생기는데 이를 기준으로 위로 올리면 음세기가 강해지고 내리면 약해진다. 음악의 '점점 세게', '점점 여리게'와 음은 항상 상호 교차되어야 원활한 자연스러움이 나온다.

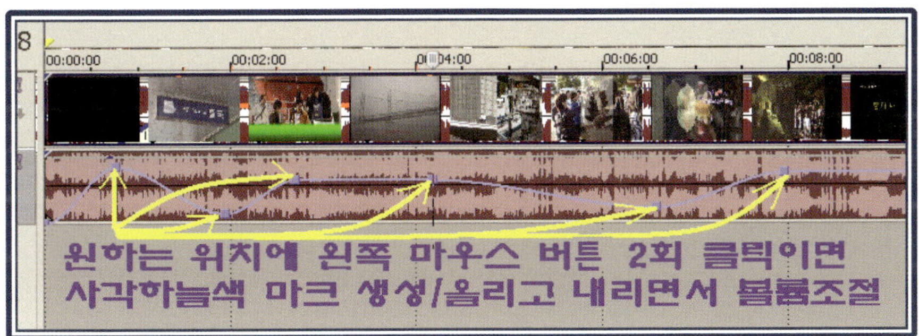

3) 방향성 주기(pan): 좌우 혹은 우좌의 방향으로 움직이는 소리의 느낌을 준다.

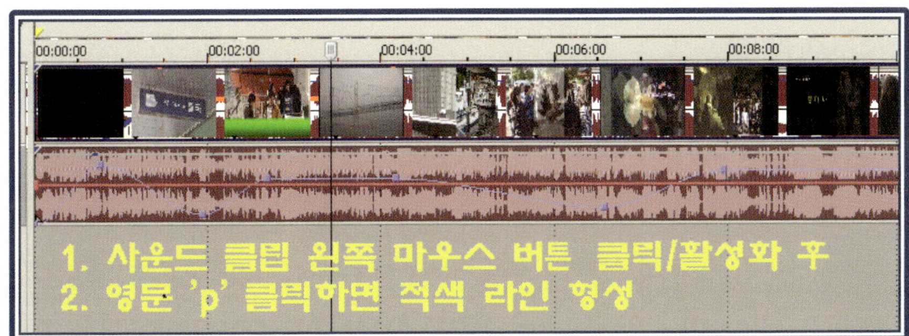

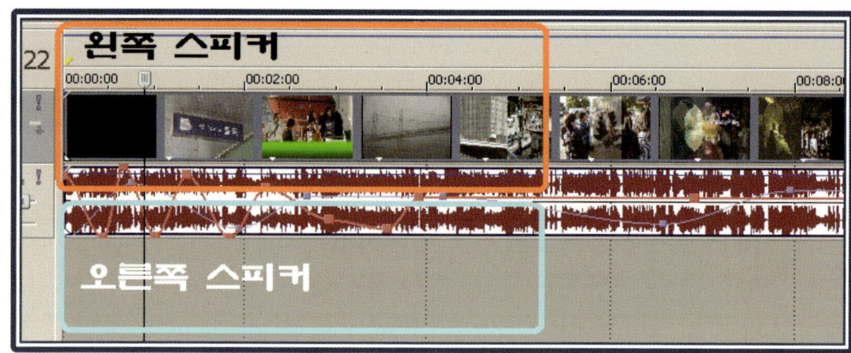

4) 영상파일과 음성파일 연결 끊기

항상 영상은 음성과 같이 붙어서 나온다. 제작된 영상에 대한 사운드는 절대적으로 동기화가 필요한데 그 동기화를 시키고 안정적으로 유지하기 위해서는 상호 간에 붙어 있어야 실수를 방지할 수 있다. 하지만 사운드 제작 시에는 상호 간의 연결을 끊어야 할 경우가 많다.

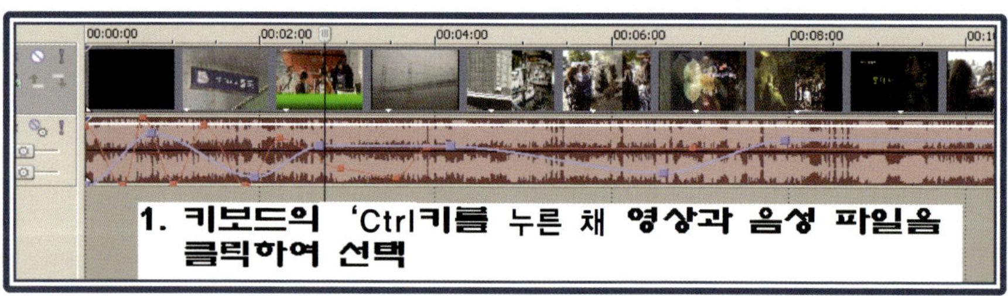

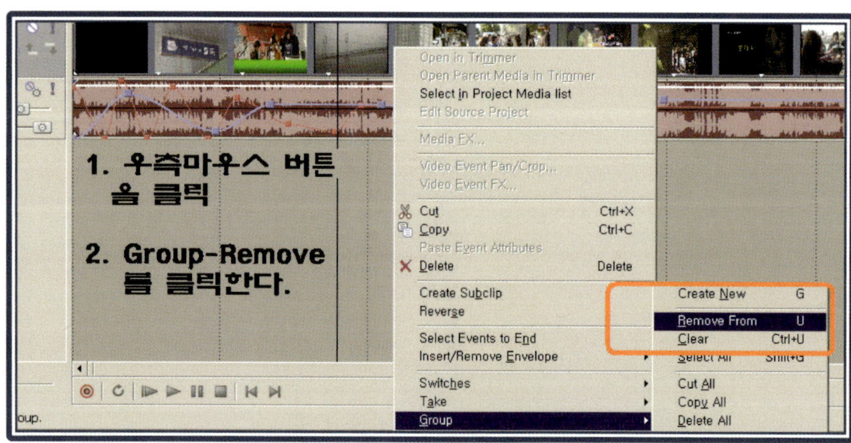

자판기의 'Ctrl' 키를 누른 채 현재 연결되어 있는 영상과 음성의 트랙을 선택한다. 영상과 음성은 항상 한 조로 붙어 나오는데 이를 컨테이너 코덱 (Container Codec)이라고도 한다.

5) 안전을 위하여 떨어진 파일 같이 붙이기

실수하여 사운드 클립을 1개를 잘못 움직여서 영상과 시간이 맞지 않을 경우에는 심각한 시간낭비로 인해 울화병까지 치밀어 올라온다. 이럴 경우 서로 간에 붙여 놓자. 필요할 경우는 다시 4)항의 방식대로 떼어 놓으면 된다.

전부 붙일 경우, Ctrl+A는 전부 선택이다. 모든 파일 활성화한 후

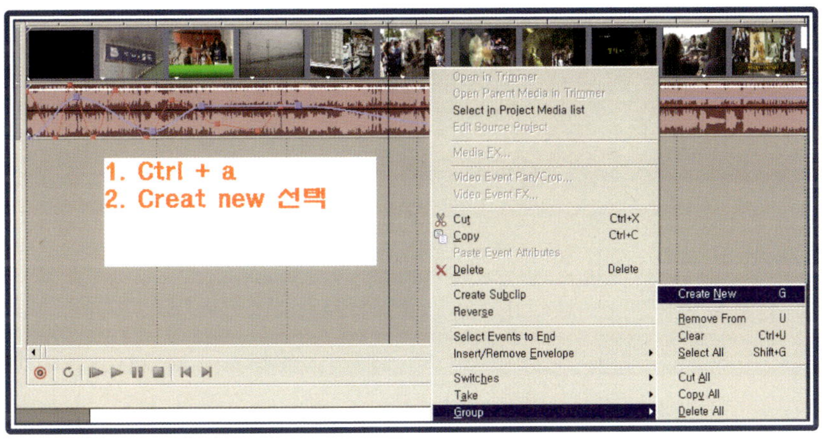

혹은 원하는 파일만 Ctrl 키를 누른 채 선택한 후 위의 Creat New를 선택해도 된다.

6) 음성 파일 끊기

'group' - 'remove from'으로 영상과 음성의 연결을 끊었는지 다시 확인하고 그렇지 않았다면 remove from하자.

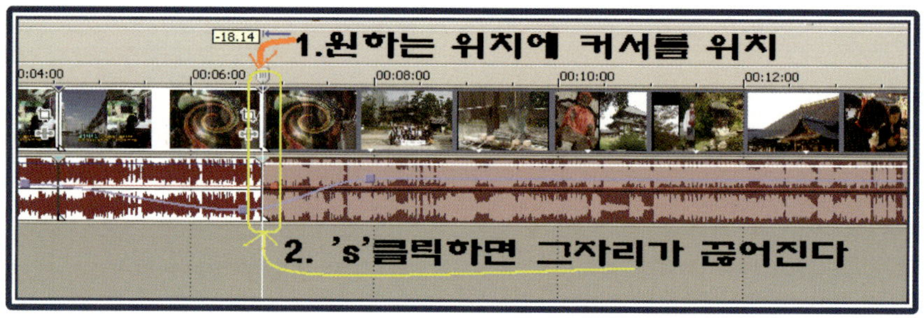

중간 음성 파일이 필요 없다고 가정하고 학습자는 지은이의 방식대로 연습해 보자.

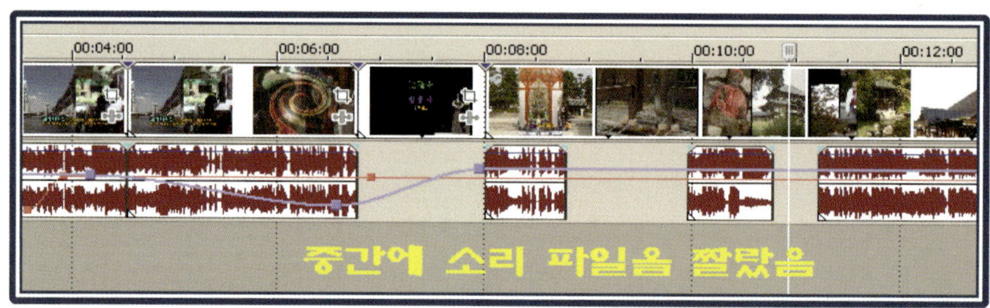

Ctrl＋X, Ctrl＋C, Ctrl＋V, Ctrl＋A, undo 등은 모든 컴퓨터에서 공동 명령어인 바 같이 사용해 보기를 권장한다. 항상 선택영역 혹은 위치 설정 －그 위치를 중심으로 자르기, 복사, 붙이기가 따라와야 한다. 하지만 영상과 음성의 이러한 기능은 항상 렌더링 과정을 거쳐야 진짜 파일이 된다.

7) 패널에서의 기능/여기에서 중요한 기능은 1의 녹음 버튼

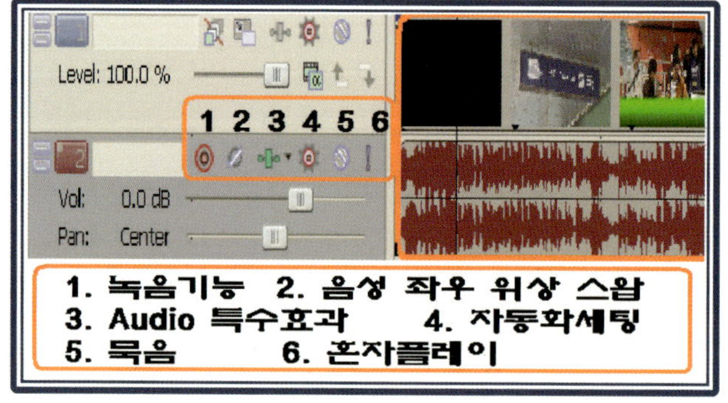

8) Crossfade, Auto ripple, Normal Edit tool

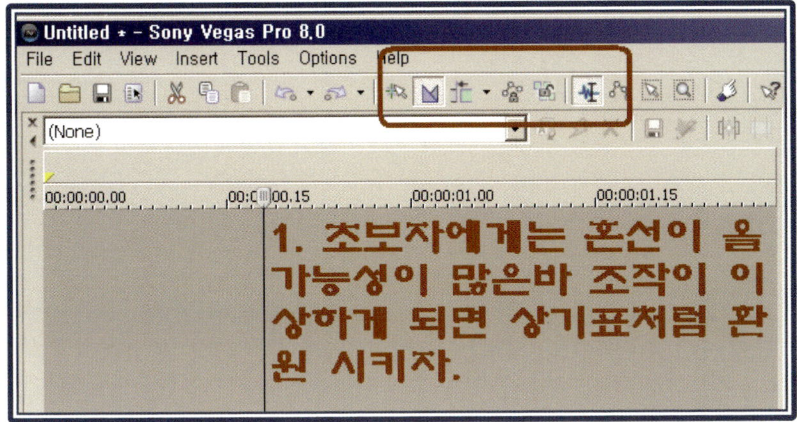

ⓐ **cross fade**는 음성(영상)이 교차될 때 앞에 것은 점점 여리게 뒤에 것
은 점점 세지면서 교차하는 방식이다. 자연스럽게 들린다.

ⓑ **Auto Ripple**은 앞에의 음성(영상) 파일이 수정을 하였다면 뒤에 맞춘
파일들이 자동적으로 따라오는 기능이다. 이것을 선택하지 않는다면
뒤에 따라오는 파일들을 일일이 영상으로 보면서 동기화를 다시 시켜
야 한다.

ⓒ **Normal Edit tool**은 일반적인 상황에서의 **tool** 선택이다. default로 보
면 된다.

발자국 소리 및 대사를 중심으로 한 **Post Production**의 방법을 보여 주고
있다. 지금부터는 아래의 2가지를 중점으로 한다고 가정해 보고 같이 해 보자.

학습자는 필히 자신의 마이크를 컴퓨터의 몸체와 연결하여 소리가 나오도
록 하자.

소리가 나오지 않는다면 다시 시작 - 프로그램 - 보조프로그램 - 엔터테인
먼트 - 볼륨조절로 가서 재생 및 녹음의 기능을 확인하고 오자.

다. 폴리작업(Foley)

영상에 음성을 입히기 위한 현장음 제작의 방법을 동원하는 사람으로서 과거 라디오 방송국의 효과음 제작자가 이에 속한다. 라디오 드라마의 따발총, 발자국, 물 마시고, 싸우는 소리 등은 당시에는 직접 녹음 시 제작하여야 했다. 아날로그의 방법은 그만큼 어려워서 즉각 녹음하는 것이 최상의 방법이었다. 현재에도 이런 분야는 폴리 아티스트(Foley artist)라는 직업군을 형성하고 있지만 대체로 가장 신참이 이 역할을 하기도 한다. 애니메이션은 만들어질 때 사운드가 전혀 없어 폴리작업이 절대 필요하다. 이 장은 현장음을 만들 때 가장 중요한 발자국을 중심으로 폴리작업을 하는 형태를 만들어 보자.

*** 사운드 주파수상의 주요사항 힌트**
① 높은 주파수는 접촉하는 면적이 좁고 매질의 강도가 세다.
② 낮은 주파수는 접촉하는 면적이 넓고 매질의 강도가 약하다.
③ 높은 주파수는 방향성이 강해 위치를 찾기 쉽다.
④ 낮은 주파수는 무지향성으로 방향을 찾기 어렵다.
⑤ 높은 주파수는 벽 등의 딱딱한 물체를 뚫기 어렵고 낮은 주파수는 비교적 쉽다.
⑥ 길쭉하고 날씬할수록 저주파가 잘 나오고
⑦ 작거나 오동통할수록 고주파가 잘 나온다.

---

1) 폴리 위치 선정: 준비가 필요한 바 5～10초 이전에 커서 선택

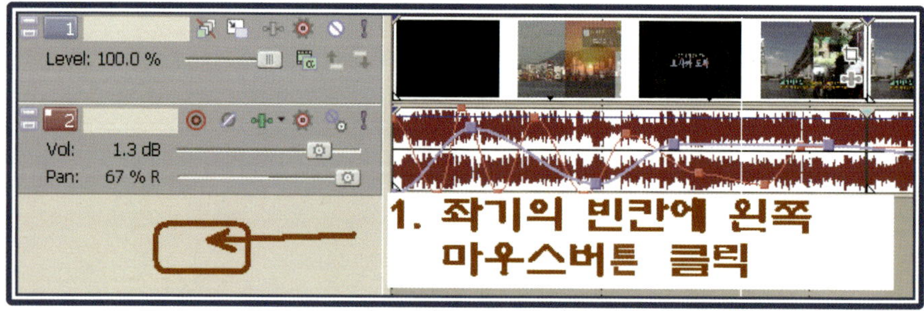

Level: 100.0 %
Vol: 1.3 dB
Pan: 67 % R
Open...
Insert Audio Track
Insert Video Track
Preferences...
오디오트랙 한 개 더
만들라는 내용

00:06:10.12
Level: 100.0 %
Vol: -6.4 dB
Pan: 13 % L
Vol: 0.0 dB
Pan: Center
Project Recorded Files Folder
Recorded files folder:
ettings\Administrator\My Documents\
Browse...
Free storage space in selected   29,902,8
Do not prompt for the record folder in new projects
OK   Cancel
2. 녹음된 파일의 저장장소 설정
1. 녹음버튼 을 클릭

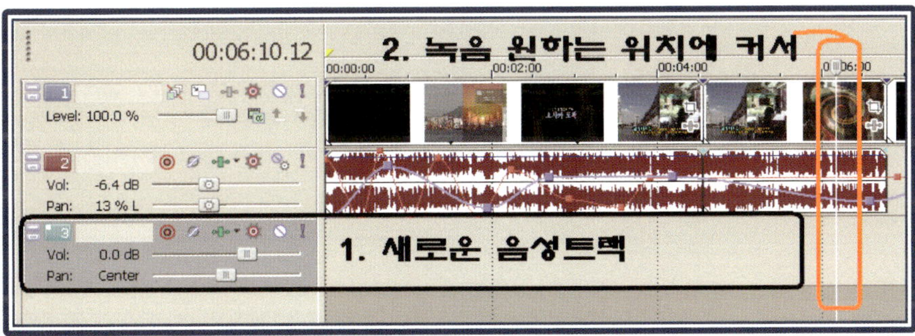

00:06:10.12
2. 녹음 원하는 위치에 커서
00:00:00   00:02:00   00:04:00   0   06:00
Level: 100.0 %
Vol: -6.4 dB
Pan: 13 % L
Vol: 0.0 dB
Pan: Center
1. 새로운 음성트랙

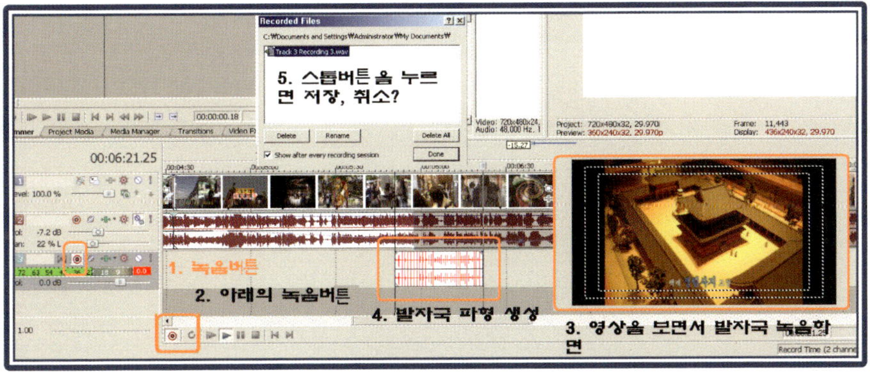

Recorded Files
C:\Documents and Settings\Administrator\My Documents\
Track 3 Recording 3.wav
5. 스톱버튼 을 누르
면 저장, 취소?
Delete   Rename   Delete All
Show after every recording session   Done
Video: 720x480x24,   Project: 720x480x32, 29.970i   Frame: 11,443
Audio: 48,000 Hz, 1   Preview: 360x240x32, 29.970p   Display: 436x240x32, 29.970
00:06:21.25
1. 녹음버튼
2. 아래의 녹음버튼
4. 발자국 파형 생성
3. 영상을 보면서 발자국 녹음하
면
Record Time (2 channe

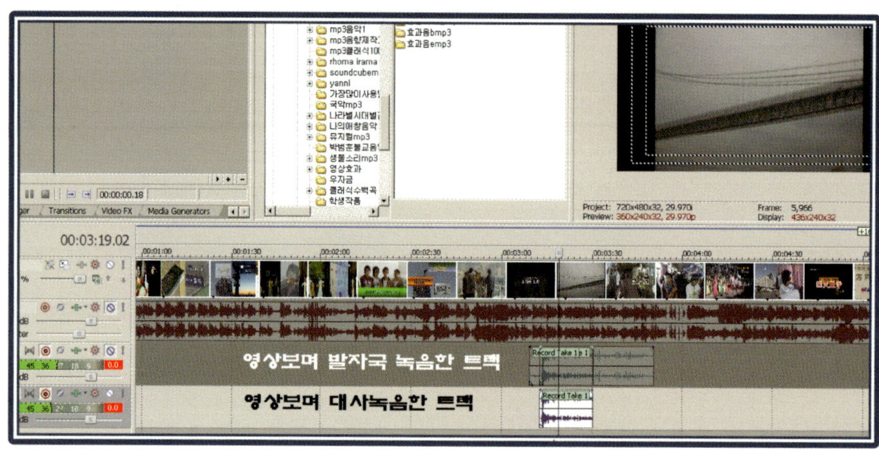

상기의 절차로 제한 없는 트랙수를 만들 수가 있다. 각각의 트랙에 녹음할 때 녹음 트랙 이외에는 Mute 기능을 사용하여 그 음성이 feedback되어 녹음되지 않도록 유의하자. 또한 느낌표는 solo 즉 혼자만 플레이하는 기능인 바 소리가 잘되었는지 못 되었는지를 감시할 수가 있다.

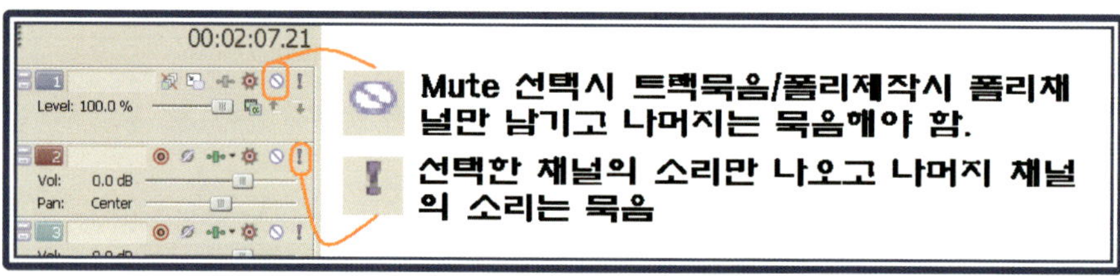

라. 제작된 음성에 대한 렌더링 작업과 음성이전 작업

현재 구성된 소리는 각각의 디렉터리를 반영시킨 결과에 불과하다. 많은 컴맹들이 실수를 일으키는 분야가 렌더링의 분야로서 현재 눈에 보이거나 들리는 음성이 1개의 완전한 파일이라고 믿고 있는데 컴퓨터는 항상 연산 작업 Rendering 혹은 compilation 과정을 거쳐야만 1개의 파일로 형성된다는 것이다. SAVE AS를 사용하면 이름.veg 파일이 형성되는데 이 파일을 듣기 위해서는 원래 컴퓨터 내에서는 듣는 데 문제가 전혀 없지만 컴맹들은

이 **veg** 파일을 전부인 양 그것만 복사해서 달랑 제출하고는 냉큼 술집으로
간다는 것이다. 영상이든 음성이든 스테레오는 2개의 모노파일을 혼합해 놓
은 포맷이며 5.1채널은 6개의 트랙을 혼합해 놓은 포맷을 사용하고 있다.
영상제작자의 컴퓨터로 옮겨 줄 포맷이 필요하다. 사운드의 어떤 포맷으로
전달하여야 하는가는 항상 의논해 두자.

<u>주요사항 힌트</u>

① 일반적인 IBM 호환 PC의 경우 '사운드파일이름.wav' 즉 wave 파일
② Mackintosh일 경우 영문이름이 필수인데 Mac에서 한글 이름을 인식 못 하는 경우가 많다. 따라서
youngmoonname.aiff처럼 영문철자로 이름을 표기한 후에 'aif' 확장자를 사용한다.
확장자를 선택하여야 한다.
③ mp3은 다음의 주요한 포맷이다. IBM 계열 혹은 Macintosh 같은 확장자를 사용한다. Mac 사용 시 한글 이
름 사용하지 말고 영문으로 바꾼다.
④ 앞의 경우 stereo 기준으로 만드는 확장자이고 5.1채널의 경우 눈에 보이지 않지만 6개의 모노파일이 구성
된다. 전부 mp3 계열의 codec을 사용하여 같이 동기를 시키는 형식이다. 여러 가지 형식이 있으면 컴퓨터
에서는 공짜로 쓸 수 있는 wma를 권장한다.
⑤ 기타 영화의 codec들은 그 영상이 필요로 하는 codec을 협의하여 결정한다.

1) 렌더링 영역 설정(전부 혹은 일부)

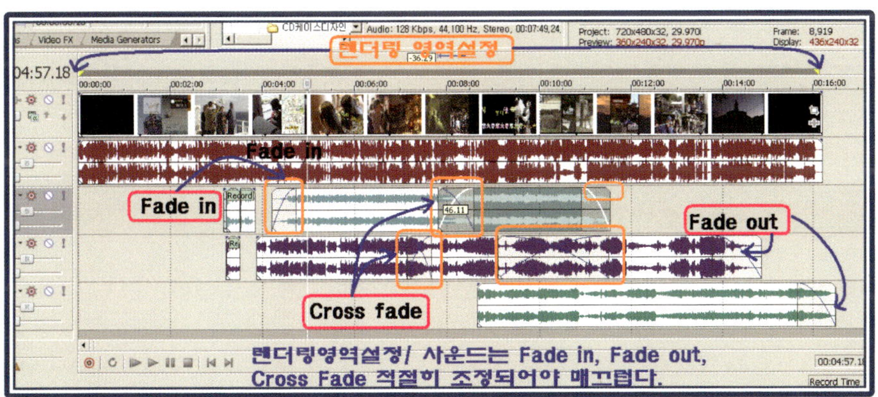

2) 형식(Format) 선택

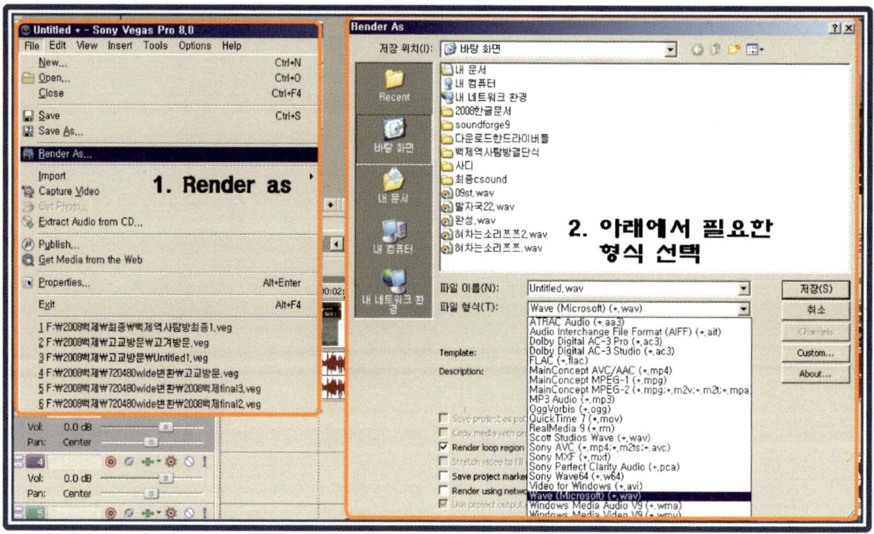

3) 이제 만들어진 사운드를 다시 잡음제거 등의 처리를 하거나 말거나 좀
더 보완 처리를 하자. 이때 주의할 것은 렌더링되어 제작된 파일의 시간에
대한 축소 혹은 확장을 한다면 영상제작자와의 최종 파일이 영상제작팀에서
이루어진다면 당연히 동기화가 맞지 않을 것이다. 이 점 유념하시고 자리
가자. 사운드 작업은 밤을 낮처럼 보낸다. 우리의 모습은 조금씩 올빼미로
진화하고 있다.

Chapter 8
Wavelab을 사용한 사운드의 음악적
처리(빠르기 조절과 음높이 조절)

Chapter8

이전에는 이와 관련 사항으로서 주로 사운드의 큰 변형 없이 편집하는 기능과 음악적으로 연계된 사운드의 음악적인 연결(Fade in/out/Crossfade)에 중점을 두고 서술하였다. 이 장에서는 사운드의 음악적인 변화과정을 다루고자 한다. 사운드라는 것은 인간이 인식 가능한 소리로부터 문법적인 체계를 밟아 만들어진 신호처리의 영역, 즉 언어의 영역과 조화로운 특정한 주파수체계에 따른 음악적인 고단위의 소리현상까지 이루어진다.

이 장에서는 소리와 음악과의 관계를 중심으로 공학의 음성처리 논리와 음악의 연관관계 및 음악의 관계이론을 연계하여 설명하고자 한다. 많은 학습자가 음악의 기본원리를 몰라 무슨 소리 하는가라는 고민이 있을 수도 있다. 음악적인 지식이 전혀 없다면 음악통론 공부를 약간 하면 어떨까라고 생각하는데 협의의 음악은 아름다운 소리만 음악의 구조로 편입하지만 광의의 음악은 모든 소리가 음악이 될 가능성을 가지고 있다는 것이다. 그 논리를 바탕으로 Time stretch는 템포 즉 빠르기의 영역, pitch correction 혹은 pitch bend는 음높이와 연계가 있는데 음악에서의 3요소인 리듬, 가락(melody), 화성(harmony)과 종으로 횡으로 연결되기 때문이다.

1. Time stretch

단원 9에서 빠르기말에 대한 예로서 ♩=120 혹은 120bpm이라는 용어를 사용하였다. 어떠한 사운드일지라도 그 속도를 달리할 수가 있어 필요한 속도만큼 조정하는 가장 기본 내용이다. 우선 ♩=120은 메트로놈을 ♩를 1분당 120번 정도의 빠르기로 연주하라는 의미인데 이 Metronome은 1812년 네덜란드의 빈켈(Vinkel)이 발명하였으나, 1816년에 독일의 멜첼(Malzel)이 재개량해서 특허를 받았다. 모든 클래식 분야에서 사용되며 특히 피아노 연습에 많이 사용된다. 120bpm은 120beats per minutes로서 초당 120번의 두들김 즉 박자가 있다는 의미인데 주로 대중음악에서 사용된다. ♩=120과 120bpm은 결국 같은 빠르기이다. 또한 ♩=120과 ♩=60을 비교하면 120이 60보다 2배 빠르다는 의미가 된다.

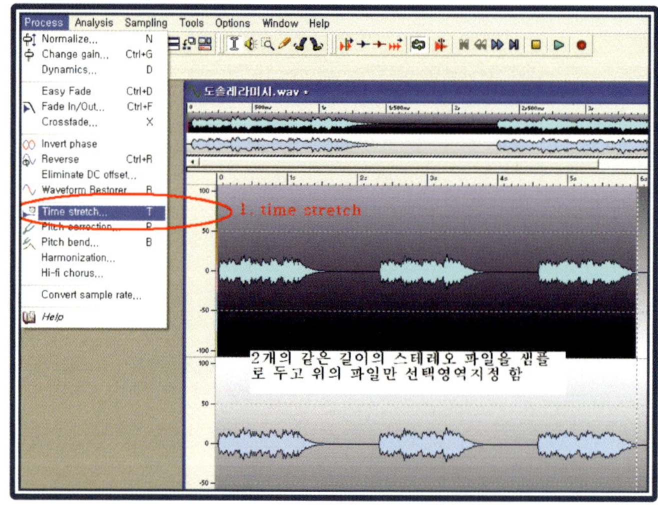

음악에 있어 감정의 표현 중 일반적으로 느린 박이 되면 정적, 애수적인 측면이 강해진다. 아래는 Ratio(비율)과 Preserve pitch만 수치변화를 주었다.

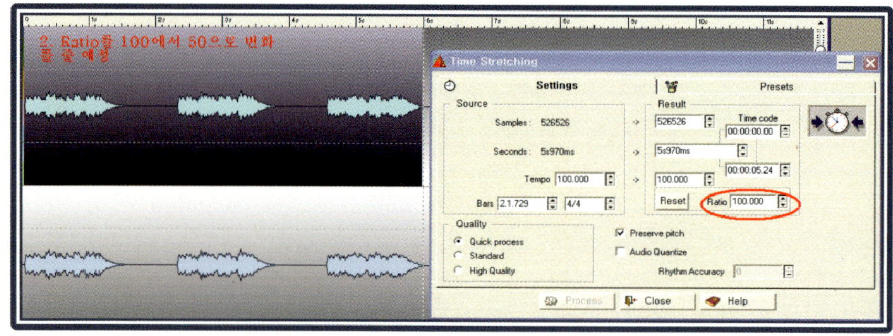

일반적으로 소리를 당기거나 밀면 주파수가 조정되어 음색이 변화하지만 Time stretch는 빠르기를 변화시켜도 이에 따른 음높이를 변화시키지 않는 기능을 가지고 있다. 이에 따른 느린 박의 리듬을 빠르게 혹은 반대로 빠른 박을 느리게 변화시키면 이에 따른 감정의 변화를 아주 쉽게 만들 수 있다. 상기의 예제는 약 6초간의 같은 듀얼 모노파일을 윗부분의 파일만 선택하고 변화를 주고자 한다. Preserve pitch는 원래의 음높이를 보전하라는 의미이다.

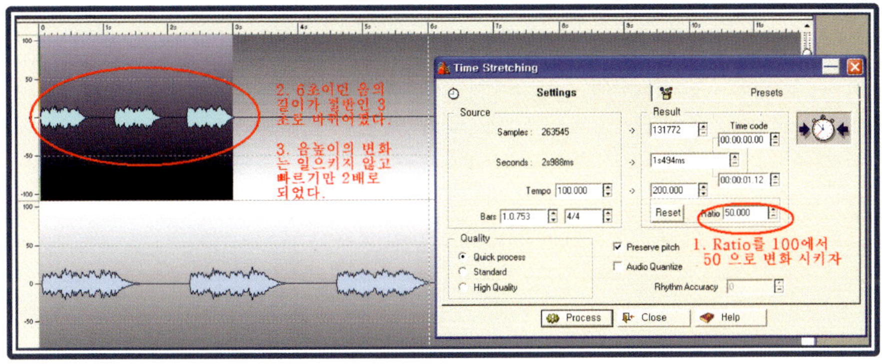

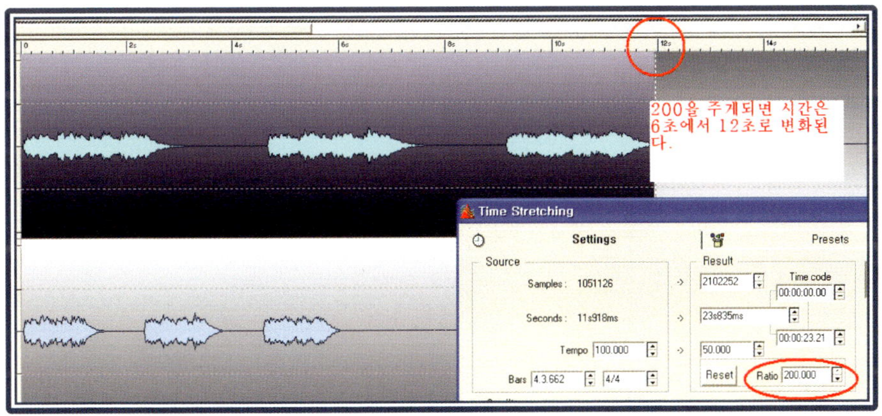

2. 음악적인 빠르기말과 BPM

가. 음악적인 빠르기말(이태리어)과 bpm 비교

빠르기말	의미	Bpm
Largo(라르고)	아주 느리고 폭넓게	
Lento(렌토)	아주 느리고 무겁게	
Grave(그라베)	아주 느리고 장중하게(느리고 무겁게)	
Adagio(아다지오)	아주 느리고 침착하게(Largo보다 조금 빠르게)	
Adagietto(아다지에토)	Adagio보다 조금 빠르게	
Andante(안단테)	느리게	76~108bpm
Andantino(안단티노)	조금 느리게 (Andante보다 조금 빠르게)	
Moderato(모데라토)	보통 빠르게	110~120bpm
Allegretto(알레그레토)	조금 빠르게 (Allegro보다 조금 느리게)	
Allegro(알레그로)	빠르게	120~168bpm
Vivace(비바체)	빠르고 활발하게	
Presto(프레스토)	매우 빠르게	
Prestissimo(프레스티시모)	아주 빠르고 급하게	

나. 그 외의 빠르기말

빠르기말	의미
Ritardando(rit.)(리타르단도)	점점 느리게
Rallentando(rall.)(랄렌탄도)	점점 느리게
Accelerando(accel.)(아첼레란도)	점점 빠르게
A tempo(아 템포) –	본디 빠르기로
Tempo primo (템포 프리모) 또는 Tempo I	처음 빠르기로
Tempo comodo(템포 코모도)	알맞은 빠르기로
Tempo giusto(템포 쥬스토)	정확한 빠르기로
Tempo di marcia (템포 디 마르치아)	행진곡의 빠르기로
Tempo di memuetto (템포 디 메뉴엣토) –	메뉴엣 무곡의 빠르기로 빠르기를 나타내는 말
assai(아사이)	매우, 더욱
molto(몰토)	대단히
piu(퓨)	조금
non troppo(논 트로포)	너무 지나치지 않게
ma(마)	그러나
poco(포코)	조금
Alegro ma non troppo (알레그로 마 논 트로포)	빠르게 그러나 지나치지 않게
Adagio molto(아다지오 몰토)	대단히 느리게
Allegro assai (알레그로 아사이)	보다 빠르게
Piu mosso(퓨 모소)	보다 빠르게
Poco a poco animato (포코 아 포코 아니마토)	조금씩 빠르면서 활기 있게
Piu allegro(퓨 알레그로)	보다 빠르게
A piacere(아 피아레체)	마음대로
Stringendo(스트링젠도)	점점 서두르면서 조급하게
Moderato quasi andante (모데라토 콰지 안단테)	안단테와 비슷한 모데라토 빠르기로 악곡의 속도를 나타내는 말
Meno mosso(메노 모소)	보다 느리게

상기 기술한 음악적인 빠르기말은 절대적인 빠르기가 아닌 상대적인 빠르기말로서 음악 악곡의 표정을 서술하는 역할을 하고 있다.

3. Pitch correction(음높이 변경)

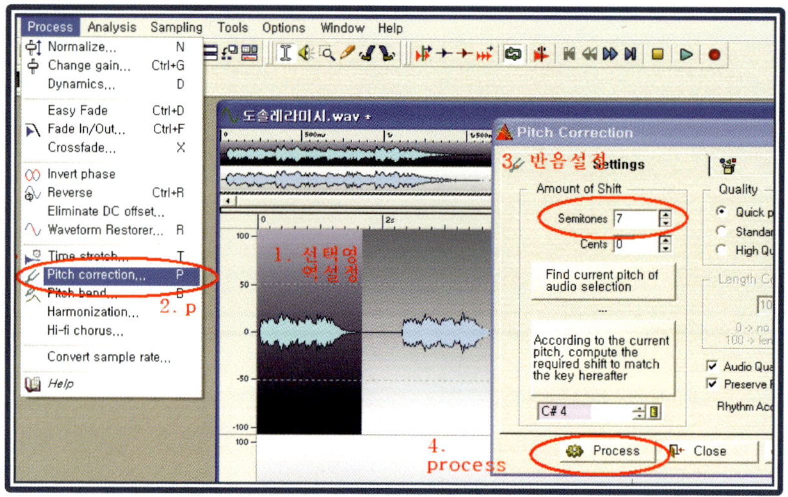

　음악적인 음높이를 가능하게 하는 기능이다. 이 기능은 대단히 유용하여 어떠한 음성이라도 음악의 경지는 물론 변형하여 또 다른 음악으로 만들 수 있는 기능이다. 음악의 3요소로서 리듬 다음의 멜로디를 구성하게 하는 요소이다. 이러한 멜로디에 또 다른 화성을 쌓게 되면 결국 어울리는 화성이 만들어지게 된다. 이 내용을 이해하면 적은 노력으로 많은 효과를 끄집어낼 수 있다. 음악적인 지식이 필요하여 기능적인 면과 음악적인 면을 동시에 서술하였다.

　대체로 저주파는 인간의 흥분을 이끌어 낼 수 있다. 따라서 저주파 영역으로 음악을 변조시킨다면 그 음악은 좋은 배경음악 효과가 될 수 있다. 다시 음악적인 논리를 복습하자. 또한 3항에서는 현재의 저작권법과 관련하여 타인의 음악을 도용한다는 것이 불법이 되어 있어 그 음성을 변조시키는 방법의 주요한 기능이 **time stretch**와 **pitch correction** 관련에서 웬 뜬금없는 저작권법이 나오는가에 대해 혼선을 가지지 말기를 기대한다. 그 필요한 음악적인 내용을 이해하자.

가. 필요한 음악적인 이론

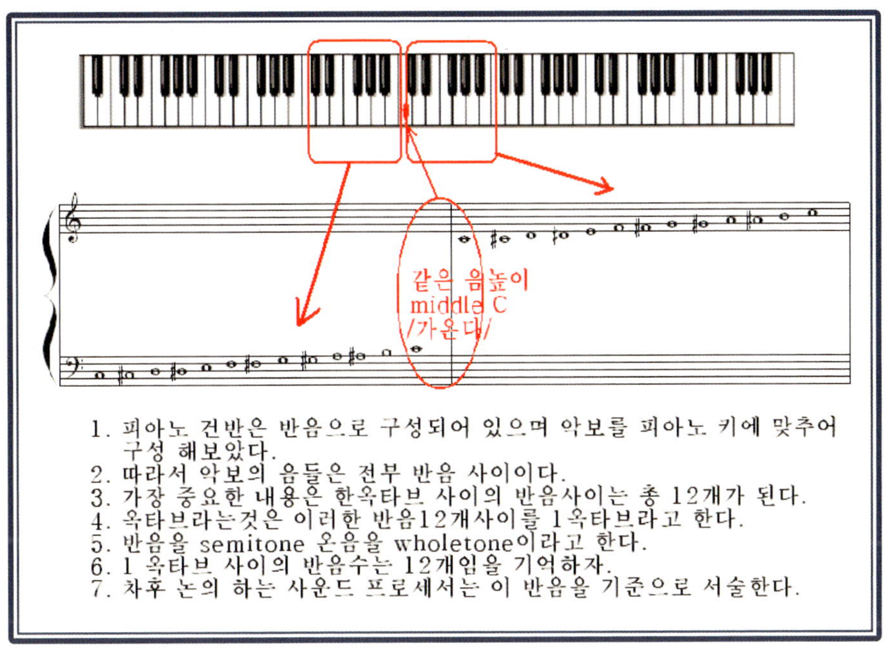

1. 피아노 건반은 반음으로 구성되어 있으며 악보를 피아노 키에 맞추어 구성 해보았다.
2. 따라서 악보의 음들은 전부 반음 사이이다.
3. 가장 중요한 내용은 한옥타브 사이의 반음사이는 총 12개가 된다.
4. 옥타브라는것은 이러한 반음12개사이를 1옥타브라고 한다.
5. 반음을 semitone 온음을 wholetone이라고 한다.
6. 1 옥타브 사이의 반음수는 12개임을 기억하자.
7. 차후 논의 하는 사운드 프로세서는 이 반음을 기준으로 서술한다.

나. 피아노 건반과 주파수(단위 Hz) 및 악보표기

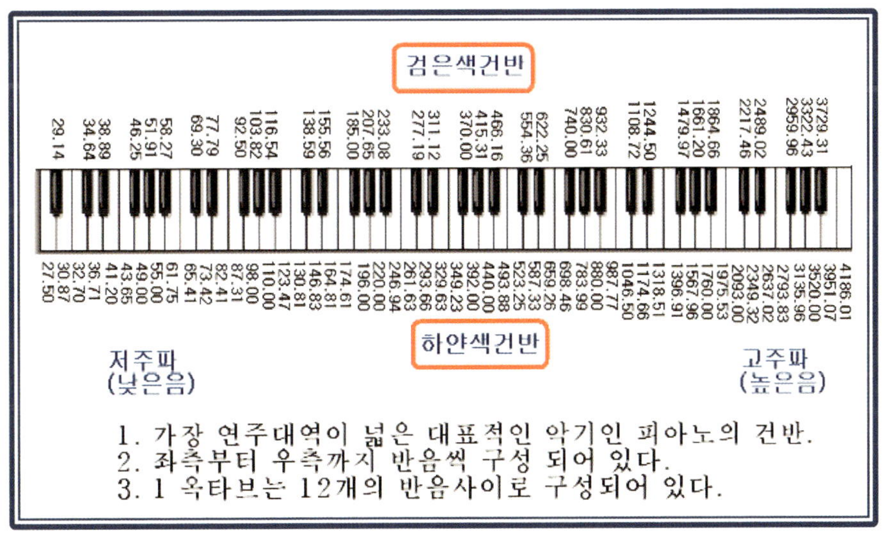

1. 가장 연주대역이 넓은 대표적인 악기인 피아노의 건반.
2. 좌측부터 우측까지 반음씩 구성 되어 있다.
3. 1 옥타브는 12개의 반음사이로 구성되어 있다.

다. 반음 사이의 숫자 파악

'도' 음을 '솔'로 옮긴다면 그 사이에 반음 사이 몇 개가 있는지 이해하자.

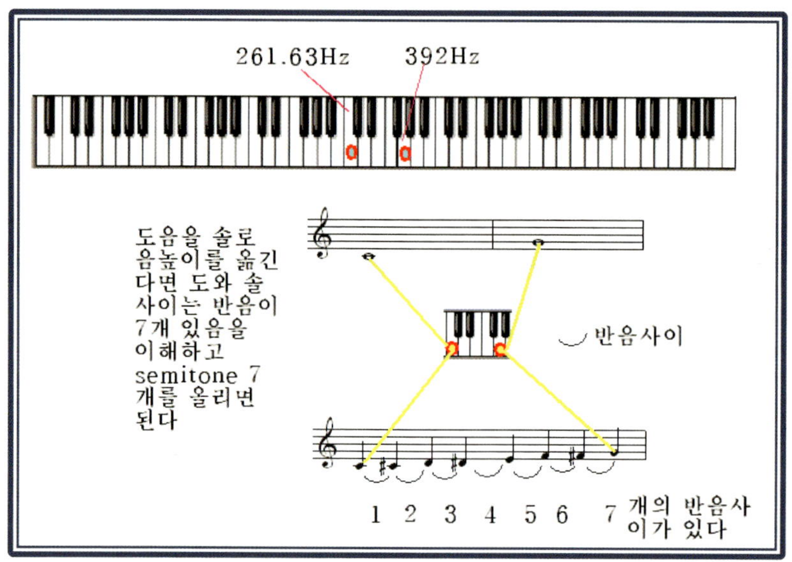

라. pitch correction 절차 및 semitone(반음)과 cents

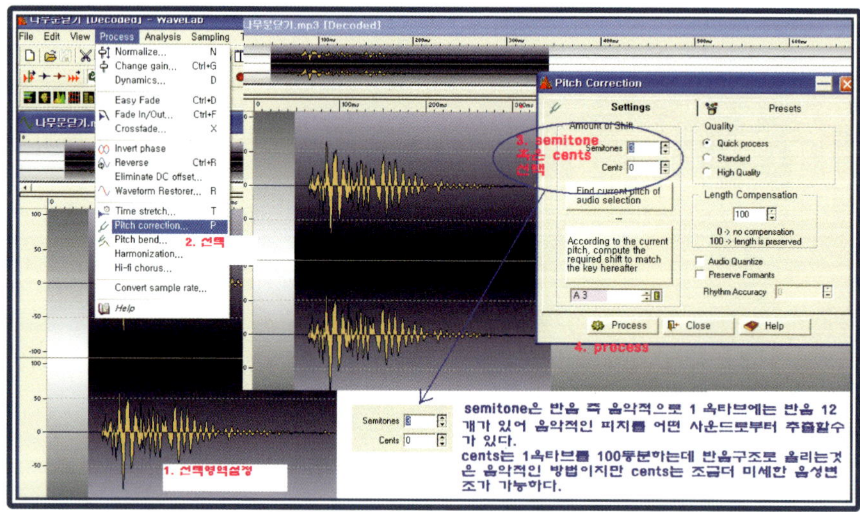

마. 예제를 두고 연습하기

Time stretch와 Pitch correction만 사용하여 아래의 악보를 여러분이 선정한 어떤 음원이라도 사용하여 전체적으로 음악처럼 느껴지도록 만드시오.

힌트 1)

힌트 2) Time Stretch 박자 만들기

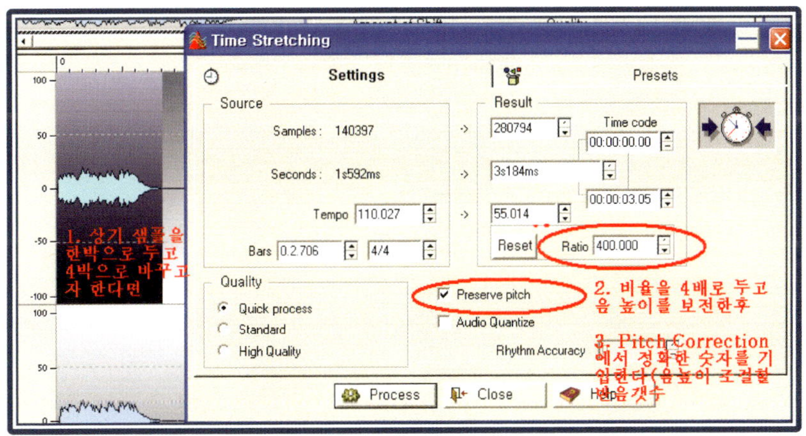

힌트 3) Pitch correction에서 필요한 음으로 반음의 수를 준 후 process

후 적당하게 배열하면 상기의 '학교 종'에 대한 음악이 나온다.

힌트 4) 다시금 전체의 Tempo 조정을 time stretch로 하면 어떤 소리이든 원하는, 인식되는 계명으로 연주된다. 음악제작은 사실 별것 아닌데 너무 심각하게 생각하는 것 같다.

바. 음높이에 대한 음악적인 해석과 공학적인 해석

음높이는 음악적인 측면에서 '도레미파솔라시도'의 읽는 방법으로 이를 대신하며 이 전부를 서로 다른 음높이 즉 Pitch가 다 다르다는 말을 사용하며 공학적인 측면에서는 각각의 개체에는 주파수(Frequency)가 서로 다르며 Hz(허츠 혹은 헤르츠)라는 단위를 사용한다. 음악적이든 공학적이든 Hz로 그 음높이를 표기한다. 단, 음악적인 Hz는 우리의 가청주파수 내에 있으면 공학적인 주파수는 보다 폭넓은 우주에서 생성되는 모든 주파수를 대상으로 한다. 대체로 연주음악적인 주파수 중심은 27Hz～4.5KHz 대역에 있지만 가청주파수는 이보다 더 넓은 20Hz～20KHz 사이에 있다.

4. Pitch Bend

선택된 영역에 대한 음높이를 지정한 시간대에 따른 음높이의 변화를 가져올 수 있게 하는 기능으로서 pitch correction과 더불어 음의 식별 가능한 변화를 가져오게 하는 좋은 효과이다. Pitch correction은 해당 영역에 대한 1개의 음높이 변화만 가능하나 pitch bend는 선택된 영역의 부분 부분에 각자 다른 음높이를 줄 수가 있다는 특징이 있다.

가. 선택영역 설정 및 b

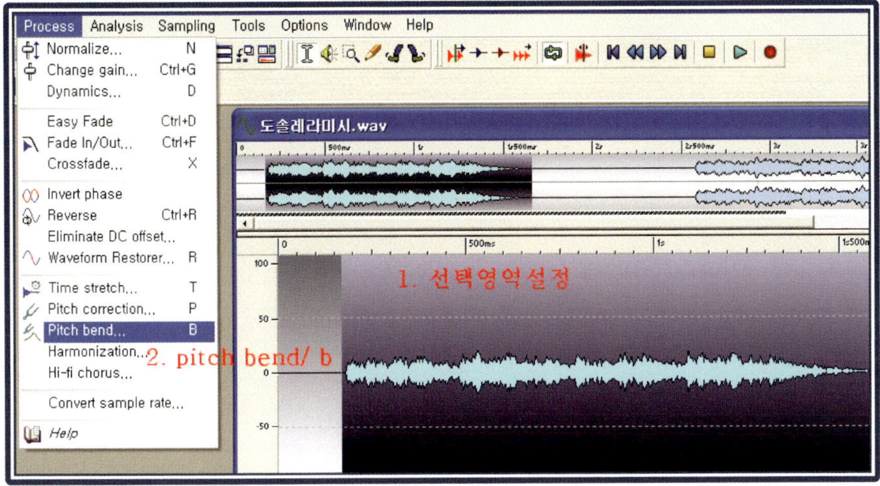

나. 변화할 부분에 표시하기

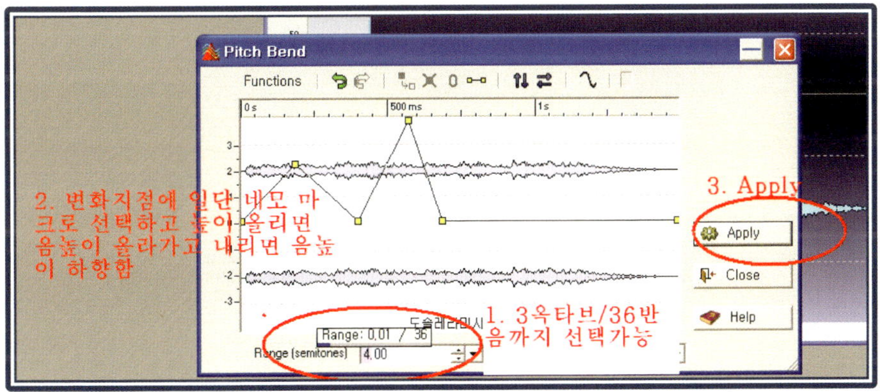

Chapter 9

디지털 기본이론 표본추출비율 (Sampling Rate), Codec, Format

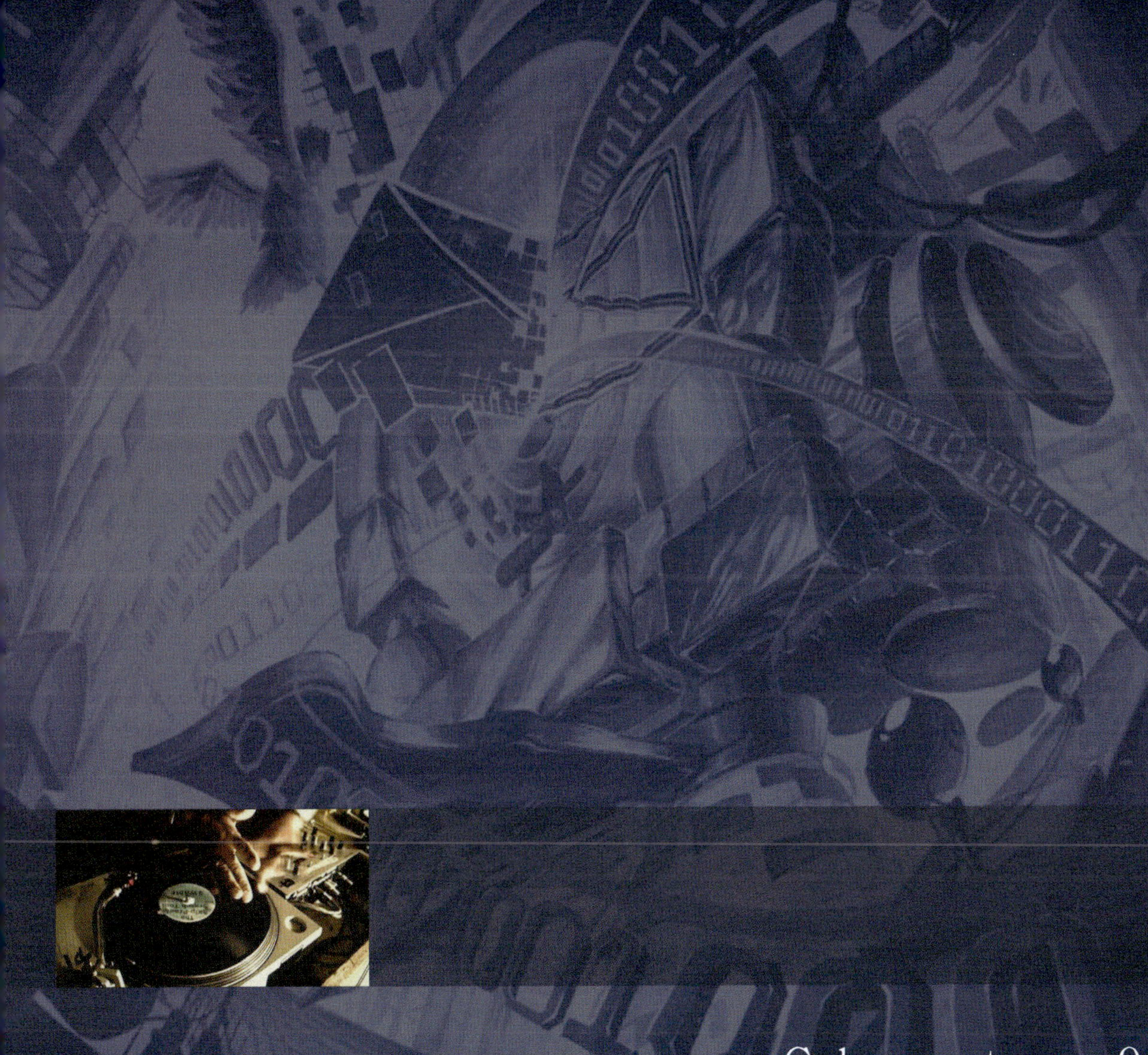

앞 장에서는 음악적인 이론을 중심으로 연계한 가장 많이 사용하는 기능을 학습자에게 보였다. 중·고등 과정이 견고했던 학생들은 충분히 이해하였지만 하지만 그러지 못했던 학생들 또한 많다는 것을 오랜 실무교육을 통해 잘 알고 있다. 걱정하지 말자. 이제 많은 학생들이 '아하! 사운드가 더 어렵구나!' 하는 인식을 가질 수가 있다고 본다. 결국 사운드의 심화는 음악에서 끝인가라는 생각을 할 수도 있다고 본다. 여기에서 한마디 하자. 별것 아닌 지식이지만 이미 사운드가 위치한 영역은 사운드만의 결과물인 음악, 디지털화든 아날로그든 녹음하고 듣기 위한 하드웨어 운용방법, 공학적인 방법과 그 처리 이론이 크게는 3가지의 융합이 위치하고 있다. 이것이 현재의 학문과정인 비정체성의 연속, 즉 한 우물을 파라는 개념을 부숴 버린다. 또한 총명한 학생이라면 1~2년이면 이 따위 학문은 쉽게 접수가 이루어진다. 그러면 이제 뭐 할 건가! 그냥 놀고먹기에는 인생이 그렇게 쉽지 않다. 그러면 아예 영상까지 해 버릴 것 아닌가. 그래서 융합은 융합을 낳고 또다시 섞여야 학문의 꽃이 핀다. 한마디 더 하자. 지은이는 단일민족이라는 말에 넌더리를 치는 사람이다. 살다 보면 이민을 갈 수도 있는데 과거에는 다 막고 지워 버렸다는 말 아닌가. 내 아기의 엄마가 혹은 아빠가 외국인이라고 해서 그 아이를 사랑하지 않을 아비, 어미가 있으면 나와 보라 하라! 그 아이는 우성인자를 받아 오히려 단일보다는 명석하고 아름다운 모습을 하고 있는데! 아비, 어미가 되면 다 자기 자식은 천사와 같이 아름다운 모습으로 태어나길 기대하지 않는가! 그래서 주체성으로 무장된 민족은 참으로 위험하다는 것이다. 디지털의 세계에는 이미 수천 가지의 인생과 학문 분야가 융합되어 있다.

1. 아날로그 시스템과 디지털 시스템

가. LP 레코더

    먼저 우리가 사용한 Audio CD의 이전인 LP 레코더를 보자. 이것은 1931년 미국 RCA회사가 개발한 동물성 천연수지로 만든 Shellac으로 구성되었으나 잡음이 너무 많아 생산이 중단되었는데 1948년에 미국의 콜롬비아사가 비닐(Vinyl)계를 사용하여 양면에 녹음 웨이브를 기록할 수 있는 아날로그 매체를 개발하였는데 한 면당 녹음시간은 30분~40분 정도로서 1분에 33과 1/3바퀴를 회전한다. 이러한 LP레코더가 바로 Audio CD가 나오던 1980년경까지 50년간의 음악세계(구형비닐포함)를 지배하였다는 것이다. 아직도 많은 애호가들이 있어 진공관 앰프와 더불어 그 당시의 음악을 즐겨 듣고 있다. LP레코더 다음에는 카세트가 있었지만 음질과 보존성에는 그다지 좋지 않아 Audio CD만큼 음악의 재생에는 보편화되지는 못하였다.

나. Audio CD

1976년 네덜란드의 Philips사는 LP 레코더와 카세트테이프를 대체할 최초의 대중 디지털 규격인 CD-DA(Compact Disk Digital Audio)의 새로운 기술을 발표한다. 이러한 기술을 바탕으로 최초의 Audio CD가 1978년에 출시된다. 그 기술을 상호 보완하기 위해 Philips사는 Sony와 제휴하고 1982년 최초로 사용제품을 만든다. 그 사용제품은 국제표준제정기구(ISO)의 인가를 받고 ISO 9660이라는 이름으로 발표되었다. 처음 규격은 지름 11.5㎝로 현재의 CD보다 0.5㎜가 작았으며 약 60분의 음성을 44,100㎐, 16bits, Stereo의 규격으로 한 녹음매체였다. 그 사용 포맷은 wave를 기준으로 만들어졌다. Audio CD는 LP레코더에 비해 차갑다는 느낌의 차이와 함께 선풍적인 인기를 끌어 LP레코더를 시장에서 소멸시키는 역할과 함께 그 CD-DA의 규격이 그대로 컴퓨터에 접목되어서 1998년부터는 음악기능은 물론 Data 저장의 기능을 통합하여 컴퓨터에서 널리 사용되게 되었다. 그리고 DVD, Blue-ray DVD, 플래시 메모리, 하드디스크의 발달 등 엄청난 속도로 진화를 하게 되었다.

매체 자체의 품질이 중요한 것이 아니라 보관을 어디에 할 수 있는가에 대한 새로운 제안이 속출되는 결과를 결국 디지털은 끌어내게 된다. 과거에 Vinyl의 품질, 홈을 만드는 기술력의 아날로그 방식은 이미 오래된 방식이 되어 그 포맷(Format)이 더 중요한 위치를 차지하게 된다. 따라서 Audio CD는 약 20년의 전성기를 끝내게 되고 다시 그 매질의 품질 차이의 승부가 아닌 또 다른 디지털 포맷의 도전을 받아 어려운 상황에 있게 된다. 그 포맷이 mp3이다. Audio CD도 LP 레코더에 비해서는 획기적이었지만 다시금 Flash Memory를 중심으로 한 오디오 기자재인 mp3 player의 거센 도전을 받게 된다. 이것은 또 다른 변화를 위한 단초가 되는데, 과거까지 가전제품의 천국은 일본이었다. 그 이전에는 유럽-미국의 순이었지만 일본의 가전제품은 값싸고 좋은 품질을 무기로 하여 전 세계를 장악하고 있었다. 유럽과 미국의 LP 레코더와 이를 위한 오디오 장비의 발달, 카세트테이프를

무기로 한 일본의 오디오제품 발달사, 유럽과 일본을 중심으로 한 Audio -
CD의 개발과 필요장비, 그리고 저장매체의 품질이 우선이 아닌 저장매체
속에 들어가는 포맷을 중심으로 한 그 포맷의 간이성이 주된 무기로 떠오르
고 영원히 따라갈 수 없으리라 사료되었던 일본과의 격차를 한국에서 시도
하게 된 것이다. 그것이 삼성의 이건희 회장을 중심으로 한 Memory 군단이
었다. 무모한 도전이라는 온갖 욕이라는 욕은 다 들었지만 그들이 만든 메
모리, 플래시 메모리는 다음 세대의 음성은 물론 영상기자재를 포함한 위대
한 디지털의 세계를 창조한 것이다. 메모리를 기반으로 그다음은 LCD모니
터 LED, OLED의 과정을 통하면서 이제 판도가 바뀌었다. 일본은 우월적
위치에서의 협력자가 아닌 오히려 우리에게 전자적인 기술력을 애걸하는 형
태이다. 하지만 이것조차도 오래갈까? 우리도 중국에 모두 넘겨주고 있는
현실인바 지은이가 10년 후에 다시 책을 쓴다면 어떤 각도의 내용이 나올
수 있을까. 제국주의는 당하는 민족에게는 너무나 허망한 일이다. 일본의 35
년의 제국주의 통치, 30년의 전자제품 제국주의, 이제는 역으로 우리가 전
자제국주의를 실현하는 순간이다.

다. 일본의 실패 속에서의 교훈

   지은이의 1986년부터의 디지털 기기 혹은 컴퓨터를 사용, 일본장비를 사
용한 후의 교훈에 대한 느낌을 기술하고자 한다. 왜 일본 혹은 유럽의 장비
회사들이 망할 수밖에 없는가에 대한 나의 느낌이다. 또한 방송영상 관련
대학 중 가장 큰 대학에 12년 근무의 경험을 통해 영상장비의 변천사 및 학
과의 흥망성쇠를 보아 왔다. 그러한 내용을 바탕으로 설명하고자 한다.

   1) RCA 케이블에 대한 예를 들어 보자. 이러한 케이블은 시중에서 1,000
원~2,000원 정도이다. 그런데 왜 SONY 글자만 붙으면 10,000원 이상인
가. 소비자는 바보가 아닌데 이미 소니의 소비자 바보로 알기 정책은 시작되

었다.

2) 나은 기술력에 대한 Sony의 욕심 많은 돼지 정책 고수: 유명한 Beta system과 VHS 방식의 대결에 있어서 Sony는 자신의 기술력이 최고라는 관점하에 그 기술력을 독식하려는 움직임이 있어 결국 Victor 중심의 기술이전에 용이한 VHS 방식에 지고 말았다.

3) memory stick은 소니가 만들어 내지 못하는 플래시 메모리를 주재료로 이용한 소니의 저장 방식이다. 왜 또 2배의 가격인가? 안정성 어쩌고 하여도 다른 회사들은 바보인가? 소비자를 바로 보자! 소비자의 대다수는 돈이 없지만 항상 전자제품에는 침을 흘리는 늑대와 같은 존재라는 것을 아는가 모르는가?

4) 일본 내수용에 대한 외국에서의 보증의무가 없는 것으로 되어 있는데 이조차도 모순이 아닌가. 결국 고장을 일으키면 소니를 원망하는 적국으로 둔갑할 것인데 이러한 차별정책을 고수하는지?

5) 일본의 기업이 돈은 많이 벌면서도 해당 국의 학교 등에 장비 지원을 한 번이라도 한 적 있는가? '아주 짜다'라는 느낌이다. 지은이의 대학에서는 여러 가지 홍보를 위해 유럽의 기업은 간혹 장비를 제공해 온 적이 있었지만 Sony, JVC, Canon 등의 일본 계열은 한 번도 없다. 이미 수십억 원 이상의 장비를 일본 제품으로 구입하였지만 학생을 위한 장학금 한 푼이라도 낸 적이 없다.

6) 이래서는 안 되지만 한국인의 자존심의 문제: 이제 한국도 좋은 장비를 만들어 낸다. 플래시 메모리를 기반으로 2008년 VMHMX20C라는 모델이 유럽에서 최고의 기기로 선정되면서 Sony 계열의 가정용 영상장비를 제압하는 시작점이 된다. 지은이는 돈과 시간만 있으면 배낭을 메고 어느 국가의 시골길을 영상기자재를 들고 딸딸이를 신은 채 떠돌아다닌다. 500원짜리 방에서 자기도 하고 간혹 모기, 파리가 있는 음식을 먹다가 허걱 하며

침을 뱉어 내기도 하고, 그리고 요사이는 그것도 시력이 나빠 잘 안 보이니까 그냥 먹어 치우고, 아마 파리, 모기가 아닐 거야, 분명히 신형 고기 혹은 양념 종류일 거야, 이러고 있노라면 2가지 딜레마에 부딪친다. 일단 그 나라의 국민들이 내가 일본 사람이 아닌 한국인임을 다 알아차린다는 것이다. 그런데 들고 다니는 장비는 거의가 일본제다. 방송영상 관련 대학에 있는데 왜 나의 장비는 일제일까? 나의 정체성은 무엇일까? 전자장비 식민지 국가! 싫다. 나의 장비에 Samsung, Hyundai, Daewoo 이런 것들이 붙어 있으면 좋겠다. 갑자기 세계주의자에서 국수주의자로 변해 버렸지만 나는 우리를 제국주의로 희생시킨 나라는 좀 싫다.

2. 표본 추출비율(Sampling Rate)

표본 추출비율은 음성에서 가장 기본이 되는 이론이다. 특히 입사 시험 혹은 편입 시험에서 단골 질문으로 나오는 경우가 많다. 꼭 공부해 두자. 음성에 있어서 디지털화하기 위한 방법으로서 초당 몇 번의 표본화를 선정하는 비율로 초당 많은 횟수의 샘플 추출이 당연히 원음에 가까워지는 특징을 가지고 있다. 대체로 높은 비율은 원음에 가까워짐을 의미하는데 Sony − Philips의 Audio CD의 샘플 추출비율은 초당 44,100번을 근저로 2개의 트랙 즉 스테레오를 가지고 있다.

가. 필터링→샘플링→양자화

위의 세 과정을 거쳐 아날로그 신호를 디지털 신호로 변경한다. 이때 양자화를 하기 위한 초당 표본설정을 하여야 한다. 흔희 말하는 22,050(22㎑), 44,100(44㎑), 48,000(48㎑), 88,200(88㎑)의 의미는 초당 그 숫자만큼의 표본 비율을 추출해서 디지털화한다는 것이다. 높은 숫자일수록 원음에 가까워진다. 숫자가 더 높을수록 더 좋다는 이야기이다.

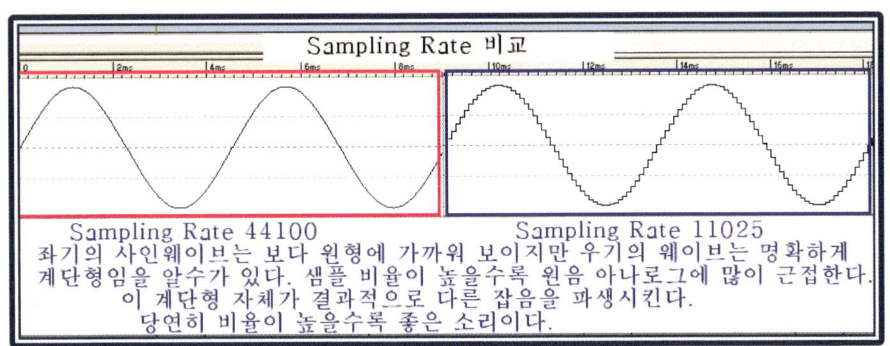

결국 디지털화는 양자화를 의미하는데 양자화 시 엄밀하게 완벽한 곡선의 형태인 아날로그 폼을 가지는 것이 아닌 계단형의 값을 가지게 되어 계단과 원형의 선과는 사실 음성적인 면에서 소리 값을 달리한다. 귀로 식별을 할 수는 없지만 원래의 소리와 달리 디지털은 원초적으로 원음과 다른 약간의 잡음을 타고 태어나게 된다. 따라서 표본 추출비율이 높아질수록 용량은 증대하지만 녹음 시에 원음의 아날로그 형태인 선형에 대한 계단형 크기가 작으므로 원음에 보다 더 가깝게 구현할 수 있다는 의미이다. 이 계단형의 모습이 아날로그로 재현될 때 미세한 웨이브, 즉 고조파 영역의 주파수를 함유하는데 계단형 크기가 크면 클수록 간섭주파수의 발생 중 음세기가 더 센 고조파를 발생시켜 원음에 대해 더 많은 잡소리가 저절로 포함된다.

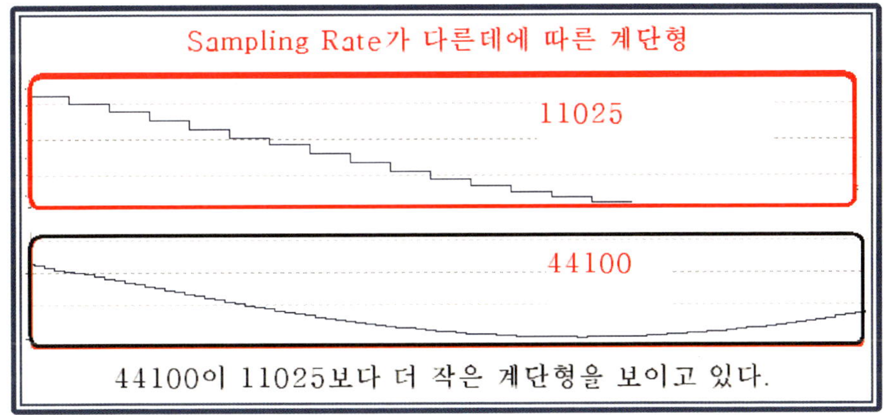

나. Sampling rate 비율 선정의 방법

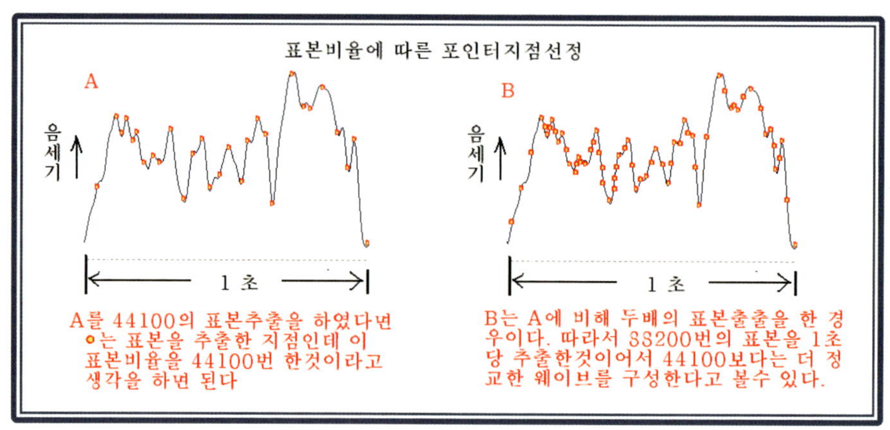

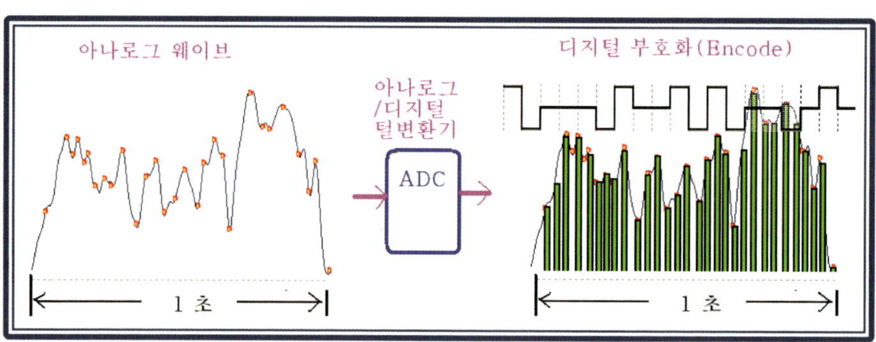

다. Sampling rate에 따른 활용의 예

Sampling rate가 높으면 높을수록 음질은 좋겠지만 용량이 증대하는 관계로 송수신의 어려움이 항상 뒤따른다. 따라서 이러한 sampling rate는 음악을 제외하고는 각각 필요한 설정을 따르고 있다. 음악은 특히나 민감하여 비록 우리가 고조파 영역의 비가청 주파수대를 못 듣는다고는 하나 그 구성 자체가 미세한 음색을 형성하고 있어 상당수의 사람에게는 그 차이를 느낄 수 있다.

sr	22050(22㎑)	32000/33000	44100	48000/96000	48000/88200/ 96000/192000
사용	전화음성송수신에 적합(전화기)	방송용 음성/ 소니 디지털 캠코더 4채널 음성녹음/ 위성방송/DAT	음악CD Sony – Philips (일반Audio CD)/ DAT/PCM	2채널 소니캠 비율 소니캠 및 일반 오디오카드/DVD – video 및 DVD – audio/MD/ DAT/DD/DTS/PCM	전문 녹음/오디오카드 /사운드카드 일부

3. 음성의 Format과 codec

음성의 여러 format 및 영상 속에서의 format: 확장자는 그 codec의 분류를 하기 위해 사용한다. 예를 들면 한글은 주로 이름.hwp, 그림은 이름.bmp 등을 사용하는데 음성도 그 자체의 확장자를 사용하여 자신을 나타낸다. 음성의 여러 가지 포맷 중 가장 많이 사용하는 확장자를 설명한다. 또한 이 포맷은 영상과 더불어 통합된 포맷으로 사용되기도 한다. mpeg 계열이 바로 그것이다. 더불어 음성을 포함한 영상은 실제로 영상과 음성을 포괄한 codec 혹은 format이라기보다는 이를 함유한 컨테이너라고 보는 편이 옳다.

가. wave: wave는 컴퓨터 사운드의 역사와 함께 만들어진 근본의 codec이다. Philips – Sony의 Audio CD의 발생 과정에도 이 codec이 사용되었고 컴퓨터 사운드 역사인 Atari computer에도 확장자 .wav로서 사랑을 받았다. Mackintosh에는 확장자 .aiff로서 이름만 바꾸었다가 다시 microsoft windows에서 가장 주요한 음성의 codec으로 사용되고 있다. 2002년경부터는 mp3에 밀리고 있다. 참고로 음악 CD의 Sampling rate는 44100/stereo/16bits이다.

나. aiff는 주로 Mackintosh에서 사용되고 있지만 거의 wave와 같은 format이다. Mackintosh에서는 wave를 인식하나 한글로 이름 지어져 있을 경우에는 인식의 어려움이 있을 수도 있다. pc상의 wave와 같다고 보면 되

고 확장자로서는 *.aiff 혹은 *.aif를 사용한다.

다. mp3는 현재 가장 많이 사용되는 codec이다. wave에 비해 약 1/9 정도의 용량으로서 귀로는 식별 불가능할 정도로 좋은 품질을 가지고 있다. mpeg에서 영상과 더불어 음성을 압축하는 테크닉으로 개발되었고 그중 mpeg3가 가장 우수하여 mp3라는 독자적인 이름으로 인터넷에서의 빠른 이동속도, 고품질, 플래시 메모리와 결합하여 음악 감상용으로 많이 사용되고 있는데 wave의 포맷을 단숨에 침범해서 현재에는 전문적인 녹음을 제외하고는 일반적인 녹음은 mp3 방식을 사용하고 있다. 특히 우리나라는 memory의 강국으로서 mp3과 결합하여 mp3 player/recorder로서 일본의 아성을 깨뜨린 바 있다.

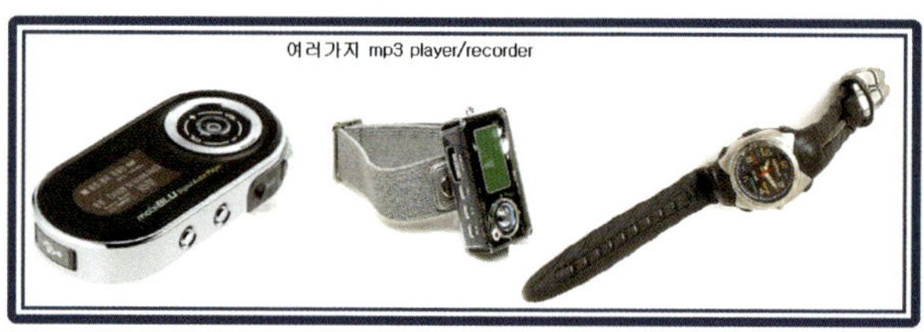

라. AU는 SunMicro systems에서 내어 놓은 새로운 음성의 format으로서 mu-law라는 format을 사용하고 있는데 Next OS의 표준포맷이다. 그 내용으로는 MU-Law는 높은 진폭보다는 낮은 진폭에서 더 많은 샘플링 기술을 사용하며 반대되는 개념으로 A-law가 있는데 이는 유럽 또는 아시아에서 주로 사용되는 아날로그 신호를 디지털로 코딩하는 방법 중의 하나이다.

마. wma(Window Media Audio): 마이크로소프트사의 미디어 플레이어를 사용하는 오디오의 포맷으로서 압축률이 높으면서 음질이 양호한데 주로 스트리밍 서비스에서 많이 사용되고 있다. watermarking 정보를 포함하여 저작권을 보호하는 장치도 구현 가능하다.

바. Ogg Vorbis는 오디오 포맷의 저작권에 저항하기 위해 저작권 없이 누구나 사용 가능한 디지털 오디오 포맷으로, 개발 당시에는 mp3 수준 정도로 우수하고 용량은 40 - 50% 정도에 불과하였으나 홍보의 부족으로 현재는 거의 사용되고 있지 않다.

사. RA(Real Audio) 확장자 ra로서 높은 압축률과 스트리밍에 가점을 가지고 있었으나 고품질의 음질 재현이 어렵고 CPU에 많은 부하가 걸려 현재에는 거의 사용하고 있지 않다.

아. midi는 음악적인 문법체계의 음악 시그널이다. 미리 미디의 규격이 정해져서 사운드카드의 미디 음원 칩을 통해 소리가 재생된다. 미디는 해당 사운드카드의 칩에 따라 그 품질이 좌우된다. 확장자 **.mid가 대표적이다. 주로 음악을 작곡하는 데 사용된다.

자. AC - 3와 DD와 DD - ex: ac3은 다중채널(5.1채널 이상)을 생산하기 위한 음성용 압축방식으로 주로 DVD에 많이 사용된 음성 압축의 기술이다. AC3라는 이름은 Dolby사가 개발하였고 ac3은 적당한 가칭으로 사용되다가 이름이 DD(Dolby Digital)로 확정 지어지면서 극장 및 가정용 사운드 표준으로 제안 사용되고 있다. 최근에는 후방의 중복되는 채널을 계산하는 방식의 6.1채널을 지원하는 DD - EX도 있다.

차. DTS(Digital Theater System), DTS - ES는 DD와 같은 5.1채널의 다중채널로서 스필버그 감독의 쥬라기 공원에서 처음 사용되었으며, DD보다는 압축률이 낮아 음원에서는 조금 더 풍부한 느낌을 줄 수가 있다. 5.1채널에서는 물론 6.1채널의 DTS - ES 확장 포맷도 개발되어 있다.

카. 최근의 Mpeg의 종류: 비디오와 오디오의 표주남호화 코덱으로 1988년에 최초로 표준규격설정 회의 후 2005년까지 규격을 논의하였는데 아래

의 기술사항은 간단한 사용의 규정이다.

1) MPEG - 1: 가장 먼저 표준화된 압축표준의 규격으로 영상의 Video CD와 그 영상에 사용된 mp3의 표준규격으로 사용되었다.

2) MPEG - 2: 방송국 품질의 영상과 오디오의 표준, 디지털위성 TV, DVD에 사용된 표준 규격이다.

3) MPEG - 3: HDTV를 위해 개발되었으나 차후 MPEG - 2가 충분하다고 사료되어 제거되었다. 음성 분야가 독립되어 오히려 wave format을 용량 면에서 압도하여 음성으로 많이 사용된다.

4) MPEG - 4: MPEG - 1의 확장으로 MPEG - 2의 개선점은 물론 3D 콘텐츠를 포함하여 저작권 관련 기술의 내용까지 포함하여 디자인되었다.

5) MPEG - 7: multimedia content를 기술하기 위한 포맷

6) MPEG - 21: 미래 환경에 대한 멀티미디어 표준기술

4. 영상의 Format과 codec

영상은 항상 영상의 코덱과 음성의 코덱을 한 개씩으로 구성하여 한 짝을 이룬 후 영상제작 과정을 통해 종합포맷을 형성한다. 아래의 기술한 내용은 음성의 코덱에서도 서술한 적도 있는 것이 많지만 현재 애용하는 영상의 코덱을 서술한다. 열거한 코덱들은 거의 국제 규격화한 것들로서 영상 및 음성 프로그램에 이미 채택되어 있는 경우도 많다. 아래 규격을 채택하여

**.avi를 사용한다. 결국 avi가 최종 포맷이지만 그 사용한 codec은 각각 다를 수가 있다.

가. H.261: 비디오와 화상전화 제품을 위한 비교적 오래된 가장 기본적인 코덱으로 ITU－T회사에 의해 제작되었다.

나. MPEG－1 Part 2: 온라인 비디오와 Video－CD에 사용된 코덱이며 그 품질은 VHS와 흡사하다. 352 X 288 이상의 해상도 사용은 불가능하며 현존하는 어떤 컴퓨터의 디지털 시스템에도 재생이 가능하다.

다. MPEG－2 Part 2(a common－text standard with H.262): DVD, SVCD, 대다수의 디지털방송국, 유선방송국에 사용된다. Interlace 방식의 사용은 HD－DVD의 Blue－ray에도 적합하다.

라. H.263: Progressive scan video 방식의 비디오에 압축표준화를 제시한다.

마. MPEG－4 Part 2: 인터넷과 방송용으로 사용되는데 Mpeg2와 H.263에 향상된 기술을 선보인다. progressive 방식은 물론 interlaced 양자에 사용된다.

바. MPEG－4 Part 10: AVC로 알려져 있기도 한데 최근 가장 앞선 압축 방식으로 플레이스테이션, ipod에 사용되며 HD－DVD/Blue－ray와 함께 Mac의 OS X v10.4에 사용된다(CoreAvec).

사. DivX, XviD and 3ivx 코덱은 기본적으로 MPEG－4 Part 2 video 코덱으로 *.avi, *.mp4, *.ogm or *.mkv 등의 영상 코덱으로 사용된다.

아. Cinepak: Apple Quick Time의 초기코덱.

자. Sorenson 3: Apple Quick Time의 기본 코덱이다.

차. WMV(Windows Media Video): WMV 7, WMV 8, and WMV 9를 포함하는 Microsoft의 코덱으로서 가장 저금의 인터넷용으로부터 고품질인 HDTV까지 가능하다.

카. Real Video: Real Networks가 개발한 대중적인 코덱이었지만 지금은 약간씩 소홀이 되고 있다.

Chapter 10
Wavelab 사용 표본 추출비율 변환과
Audio CD에서 음성 추출 및 변환

1. 표본 추출비율 변환(Convert Sample Rate)

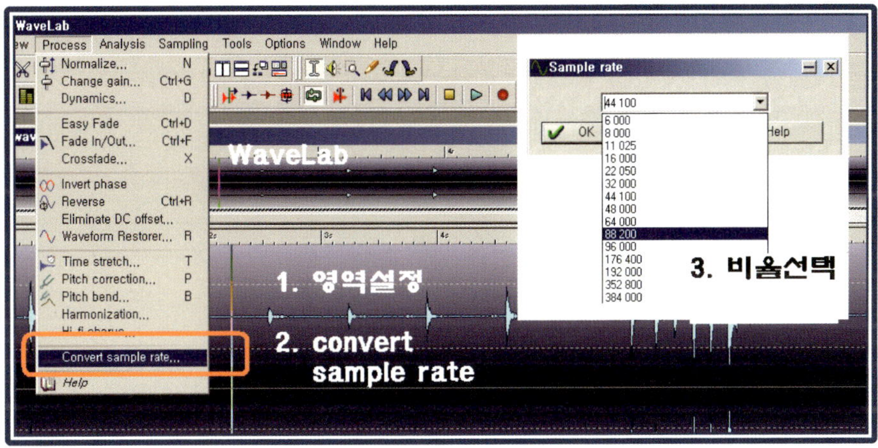

물론 Save As에서도 같은 기능을 행할 수 있다.

가. 현재로 이 기능은 잘 사용되지 않는다

모든 프로그램의 발달로 인해 자체적으로 눈에 안 보이게 변환 프로그램이 장착되어 있어 자동적으로 변환해 주어 최종적으로 설정한 비율을 맞추어 주게 된다.

나. 만약 애니메이션 혹은 영상제작업체가 48,000의 샘플을 요구하였는데 44,100으로 했다면 이 기능을 사용 변환해서 보내자

다. Wavelab을 사용하여 표본비율 변환하기

1) 더 좋은 비율로 변환한다고 해서 음의 품질이 좋아지지 않는다.
2) 반복해서 여러 번 변환한다면 원래의 음의 성질을 잃어버린다. 하지만 저작권 신호를 나타낸 비밀신호의 Audio Water Marking의 신호도 없어지게 한다.
3) 변환과정에서 이미 없어진 고조파 영역의 음 성분은 재변환하여도 다시 만들어지지 않는다.
4) 'Save As'의 기능에서도 이를 실현할 수 있다.
5) 표본비율 변환의 개념은 포괄적이어서 wave에서 mp3로 혹은 5.1채널 관련의 포맷 등의 변환도 이 범주에 속할 수 있다.

라. process – convert sample rate 선택

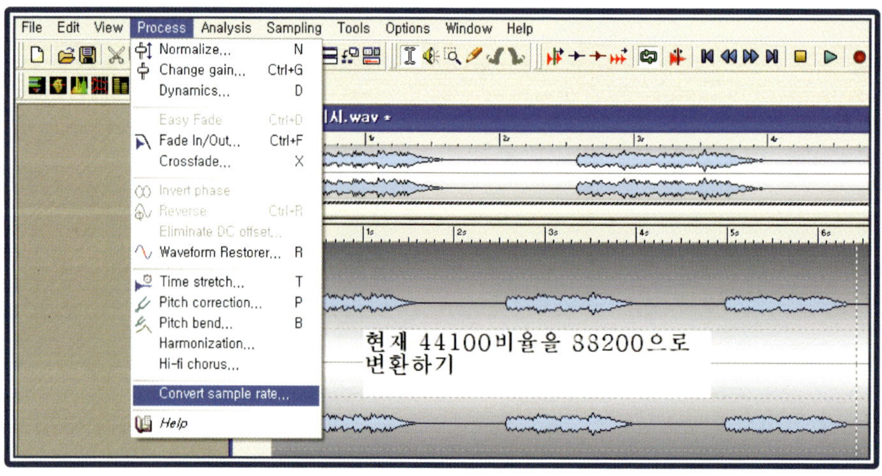

마. 원하는 비율 선택하기: 변환비율은 음질을 더 높이지 않는다

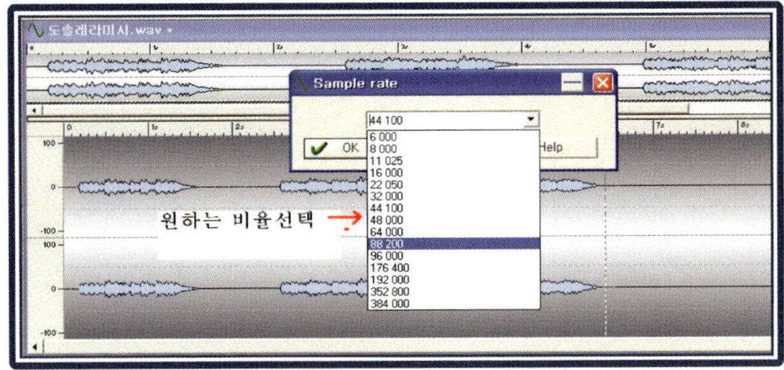

바. 결과

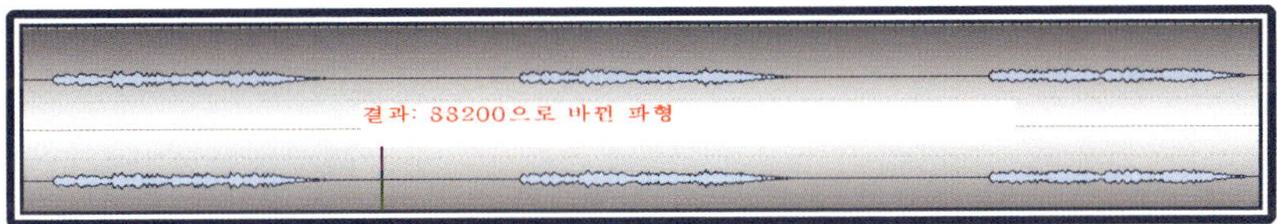

사. 변환을 필요로 하는 경우의 예

1) 전화상의 통화 느낌을 표현할 때
2) 휴대전화용 벨소리 제작할 때
3) 지금은 별다른 필요가 없지만 2004년 이전만 하여도 영상 프로그램에 변
   환프로그램이 없는 경우가 있어 이를 전부 같은 비율로 맞추는 경우 등.

2. Save As를 통한 포맷 변환 기능

변환기능인 save as의 사용법은 그렇게 어렵지가 않다. 과거에는 일일이
변환 프로그램을 사용하여야 하였지만 현재는 아예 다른 이름으로 저장할

때에 아예 다른 **format**으로 바꿀 수 있다. 영상에서는 **codec**이라는 명칭을 많이 사용하는데 일종의 **format**으로 보면 된다.

가. Save As

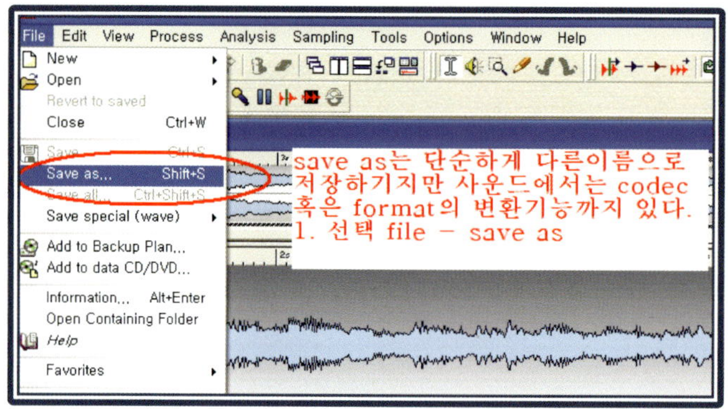

나. 변환 가능한 음성 codec의 종류

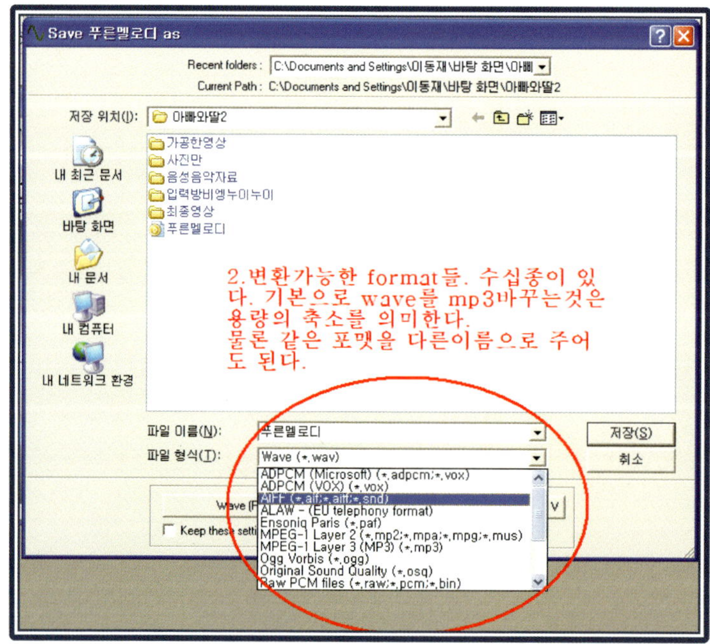

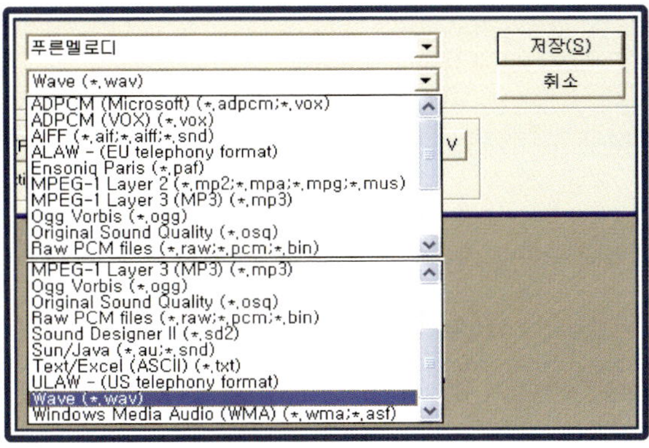

원본이 스테레오인 관계로 상기의 **Codec**들은 2채널 변환이 중심이 된 것들이다. 5.1채널은 다른 방식인바 책의 말미에 있는 방법을 사용하도록 한다.

3. 음악 CD에서 음성 추출하기(import Audio CD Tracks)

우리가 듣는 일반적인 미디어 중 가장 대표적인 것은 아직은 일반 **Audio CD**가 가장 대세이다. 대중적인 미디어의 발달은 지금은 영상, 음성 통합으로 가고 있지만 최상의 품질에 대한 음악 저장방식은 여전히 **Audio CD** 즉 음악 CD가 된다. 남의 음악을 사용한다는 것은 저작권 관련으로 인해 공식 석상에는 사용이 어려운 점은 있지만 그래도 학교에서나 비영리로 자체 제작하는 영상의 배경음악에는 저작권자의 허가 없이 많은 음악이 사용되고 있는 것이 현실이다. 이 장에서는 일반음악 **CD**에서 추출하여 영상에 사용 가능한 포맷으로 바꾸고 **CD**를 제작하는 방법에 대해 배운다. 하지만 시중의 흔한 **Ahead Nero** 같은 것들도 아주 좋은 툴이니 동시 사용을 권장한다. 하지만 먼 미래를 위해서는 가급적 자신의 사운드를 만드는 목표가 필요하다. 언제까지 여러분 자신이 가지고 있는 영상에 대한 저작권이 사운드 혹은 음악을 남의 것을 사용하여 더럽게 만들 것인가. 솔직히 이 장은 이미 남의 사운드를 써야 하는 비도덕성 때문에 지은이가 별로 기술하고 싶지 않은 분야이다.

가. Audio CD를 먼저 컴퓨터에 삽입한다

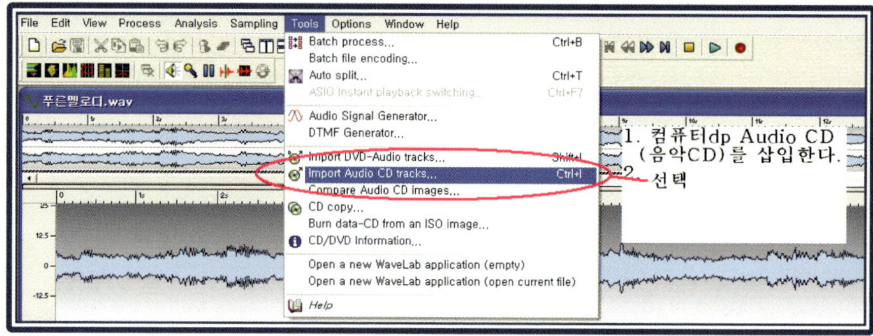

나. CD가 들어 있는 CD기를 선택한다

다. 주의 사항

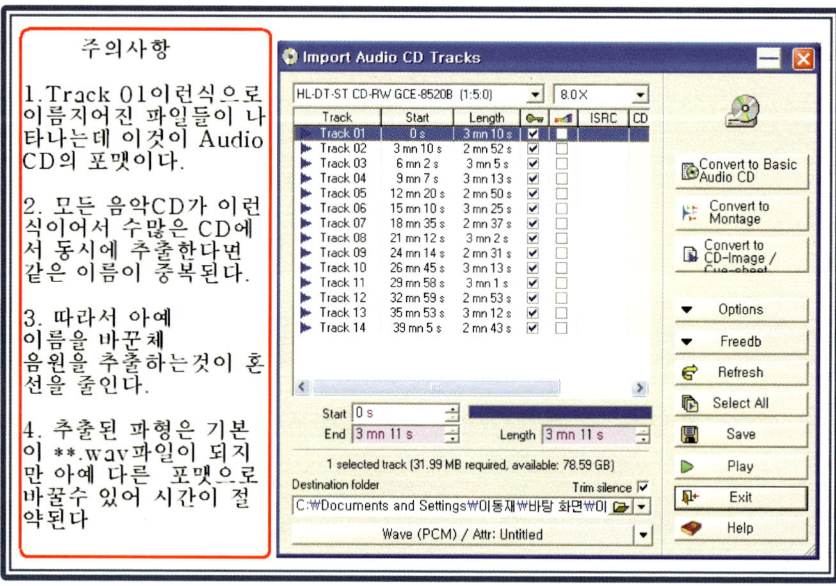

라. 이름 변경하여 추출하기/포맷 변경하여 추출하기

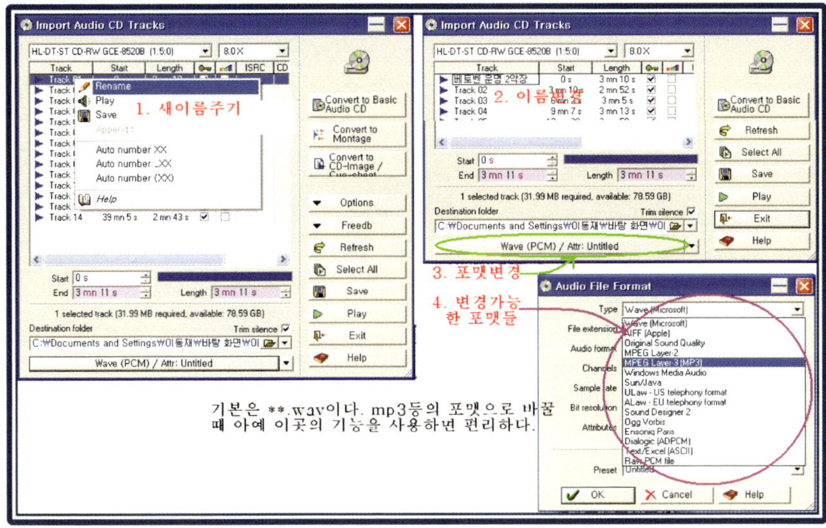

마. import Audio CD tracks의 기타 기능들

   (그냥 넘어가도 됨. 매달리지 말자!)

명 칭	내 용
Start	단일트랙에서 시작점을 주고 추출하는 것
End	단일트랙에서 끝점을 주고 추출하는 것
Length	단일 트랙에서 추출의 길이를 설정하는 것
Destination folder	추출된 파일이 저장되어야 할 위치를 설정
Trim silence	음의 전혀 없는 지점만 찾아 없애는 설정.
Audio Format	오디오의 최종 포맷을 설정하는 것
onvert to Basic Audio CD	몽타주 형태의 파일을 만들지만 기초 Audio CD의 형태임
Convert to Montage	역시 몽타주 형태로 만들지만 트랙들 사이에 음이 없는 영역을 만든다.
Convert to CD Image/Cue sheet	이미지 CD로 제작 가능하게 한다. 다른 이미지 CD도 wavelab에서 제작 가능하다.
Refresh	현존하는 창의 리스트를 없애고 다시 보는 것
Select All	트랙 전부를 선택
Save	트랙 추출한 것을 저장함
Play	사운드 혹은 오디오카드를 통해 플레이백하는 기능

4. DVD - video에서 오디오 추출하기(import DVD - Audio tracks)

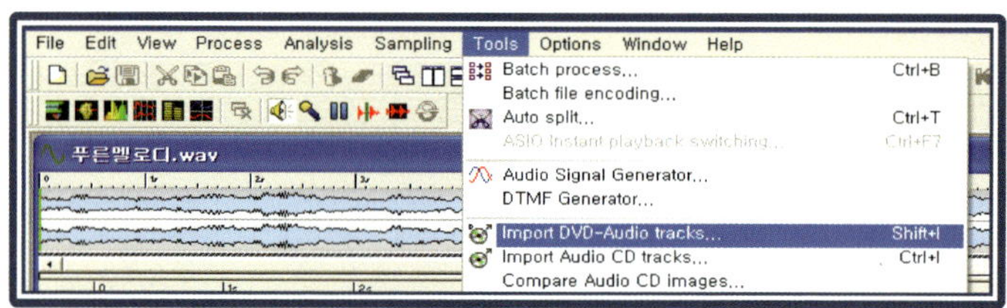

이 기능은 DVD의 오디오만 추출하는 기능이다. DVD의 포맷에 따라 여러 종류
로의 오디오 파일로 변환하는 기능이다. 추출된 파일은 다시 하드디스크로 저장된다.

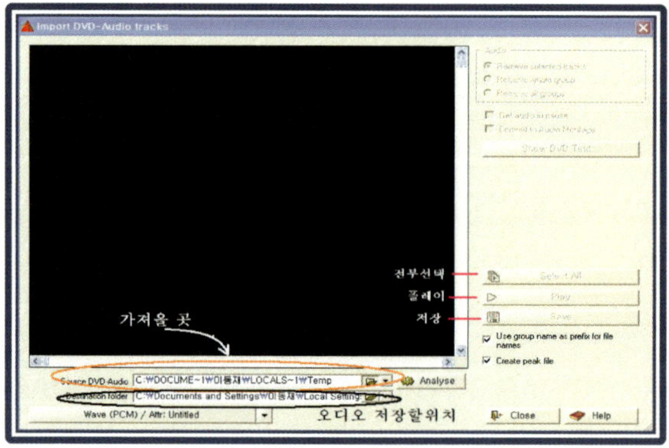

오디오 파일이 스테레오라면 2개의 파일, 5.1채널이라면 6개의 파일이 만들어지게 된다.

5. CD copy

CD를 복사하는 기능이다

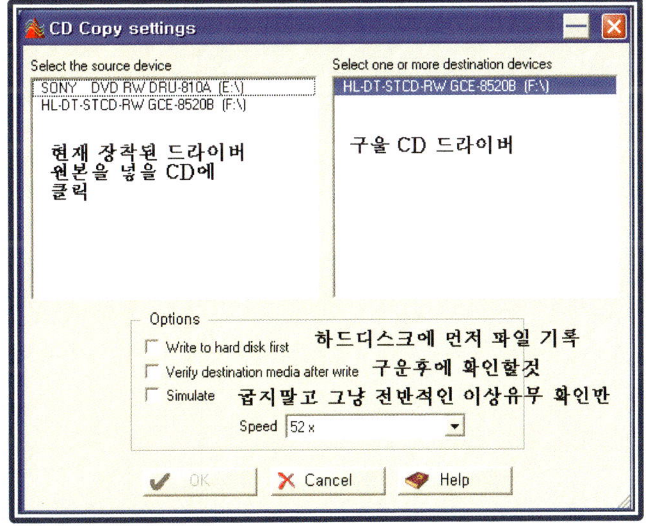

Chapter 11

잔향처리(Reverberation)

잔향은 음향학에서는 가장 기본이 되는 분야로서 학문적으로는 음향학, 음악연주, 건축음향, 전자공학과 연계되어 있다. 자연스러운 음성 및 음악의 전개는 청취자들에게 보다 많은 감동을 전달하는데 기계적이든 건축의 특성이든 간에 잔향이 절대적으로 필요하게 된다. 이 책은 일반적인 사운드처리의 프로그램을 해설하기보다는 보다 더 필요한 음악, 음향, 공학의 기본을 곁들이고 싶은바 지은이는 욕심을 내어 잔향의 중요성과 그 이론을 Chapter 13을 통해 약간이나마 해설하고자 한다.

1. 잔향(Reverberation)

가. 잔향은 음악 혹은 어떠한 악기가 연주가 끝난 후에도 그 음의 여음이 지속되는 현상을 말한다. 그 잔향은 주로 연주장의 벽면, 천장, 청중, 연주홀을 만든 재질 등에 의해 결정된다.

나. 이 잔향은 방의 특성에 따라 각 악기에 지대한 영향을 미치기도 하는데 이러한 잔향에 관한 연구는 Havard 대학의 교수 W. G Sabine에 의해 많은 연구가 이루어졌다.

다. 잔향시간(Reverberation Time)은 방의 재질과 크기 및 특성에 따른 반사음의 지속적인 효과를 측정하는 것인데 각 주파수 대역의 차이, 음세기의 크기에 따라 달라지며 측정 방법은 원래 시작한 소리의 크기가 원음에 비해 -60㏈가 되었을 때까지의 시간을 측정하는 것이다. -60㏈는 거의 음의 소멸을 의미하는데 원음에 비해 1/1,000,000 정도의 크기가 되었을 때까지의 시간을 말한다.

라. 잔향시간이 길면 음의 관계는 불명확하게 되어 교회음악에 적합한 양상을 보이고 짧을수록 명료도가 향상되어 음성의 사용, 즉 강연이나 가창음악에 적합해진다. 강연일 경우는 잔향시간이 대체로 1~1.5초 정도가 적합하며 음악일 경우에는 1.5~2.5초 정도가 적당하다.

마. 국내는 물론 전 세계의 주요 연주회장은 건축 시 잔향시간을 자신의 목적에 적합하도록 맞추는 데 최상의 노력을 기울이고 있다. 특히 음악가들을 위한 장소는 귀가 가장 발달한 사람이 음악가인 관계로 수많은 시행착오를 겪으면서 음악들의 자문을 통해 연주회장이 건축되고 있다.

바. Echo의 경우도 일종의 잔향이라 말할 수도 있는데 작은 방일 경우 이러한 현상이 심화되는데 원음의 소리와 반사된 소리가 독립되어 같은 소리를 재발성하는 역할을 한다. 대체로 반사음이 원음보다 0.035초 이상 지연된다면 인간의 귀에는 두 개의 소리가 독립되어 들리며 음악적으로는 이롭지 않은 소리가 된다.

2. 잔향시간 계산

가. 잔향시간 계산에는 우리가 처한 모든 환경과의 관계를 말할 수가 있다. 물리적인 환경 즉 연주회장 혹은 스튜디오의 구조, 현재의 습도 및 온도, 사용하는 악기들의 주파수, 스튜디오 재질, 걸상, 연주 시 관객의 숫자 등 모든 지구환경이 잔향을 결정한다고 볼 수가 있다.

나. 잔향계산 공식

잔향시간(t) = 0.049*방의 용적(가로×세로×높이)/방의 전체적인 흡음

t = 0.049v/a

3. 상기 흡음(a) 값을 주기 위한 흡음재료에 대한 일반적인 수치

매질	기준 Hz		
	250 Hz	500 Hz	1,000 ~ 2,000 Hz
Lime Plaster(회반죽)	0.02 ~ 0.03	0.03 ~ 0.04	0.03
Hard Plaster(경화석고)	0.01 ~ 0.02	0.01 ~ 0.02	0.02 ~ 0.03
시멘트 블록(색상 안 칠한 것)	0.03	0.03	0.05
나무판넬	0.01 ~ 0.02	0.01 ~ 0.02	0.01 ~ 0.02
얇은 커튼(cretonne)	–	0.15	–
중간 두께의 커튼	–	0.2 ~ 0.4	–
카펫(0.6cm 정도)	0.03	0.07	0.20
카펫(1.2cm 정도)	0.10	0.25	0.30
음향판(시멘트 위) 1.25cm	0.25	0.47	0.70
음향판(울 + 나무 + 시멘트) 2.5cm	0.30	0.60	0.70
섬유로 된 보드(평평한 것) 1.25cm	0.30 ~ 0.40	0.30 ~ 0.35	0.80
관객 1인당	4.3	4.7	5.0
걸상	0.16	0.17	0.21

각 흡수율은 ㎡

4. 최적 잔향시간

대체로 성당 등 돌로 된 연주 홀의 잔향시간은 1.5~2초로 알려져 있으며 콘서트 홀 등은 약 1.5초, 극장은 1초, 강의실, 회의실 등은 약 0.4~0.5초로 알려져 있다.

5. 잔향시간의 길이에 대한 차이

가. 영어로 Live(라이브)는 살아 있다는 느낌을 주고 Dead(데드)는 죽었다는 느낌을 준다. 따라서 Live는 잔향의 수치, 즉 시간이 길고 Dead는 짧아짐을 의미한다. 따라서 음악의 경우 Dead한 느낌은 연주에 상당한 어려움이 있다.

나. 연주 홀의 재료가 비교적 강도가 센 딱딱한 물질이라면 자동적으로 잔향이 길어지는데 이는 그 물질이 흡음을 하지 않고 반사시켜 소리를 증폭시키는 역할을 하여 Live한 느낌을 줄 수가 있어 음악 연주 시에 보다 풍부한 소리를 주게 된다. 반대로 연주 홀의 재료가 부드러운 흡음제가 많다면 소리의 상당수가 흡수되어 원음보다 더 dead한 느낌을 줄 수가 있다.

다. 딱딱한 매질은 대다수의 소리를 반사하지만 그중 힘이 센 저주파의 소리도 반사하여 저주파의 소리의 강화가 이루어지는데 저주파를 강화하는 현상은 음높이를 명확하게 하여 음색강화가 이루어져 보다 부드럽고 아름다운 소리가 된다. 반면에 부드러운 흡음제를 많이 사용한 공간은 저주파부터 고주파 영역의 모든 소리가 고르게 흡수되어 Dead한 느낌으로 다가오는데 만약 잔향시간이 0.5초 이하라면 싱싱한 느낌의 사운드, 부드럽고 따뜻한 느낌의 사운드가 될 수가 없다.

라. 전자악기를 사용하는 Popular music의 경우에는 비록 잔향이 없는 사운드라 할지라도 음향기자재를 사용 Mixdown의 과정을 통해 각각 악기의 트랙에 필요한 잔향을 추가하는 것이 상례다.

6. 음악의 종류에 따른 최적 잔향시간

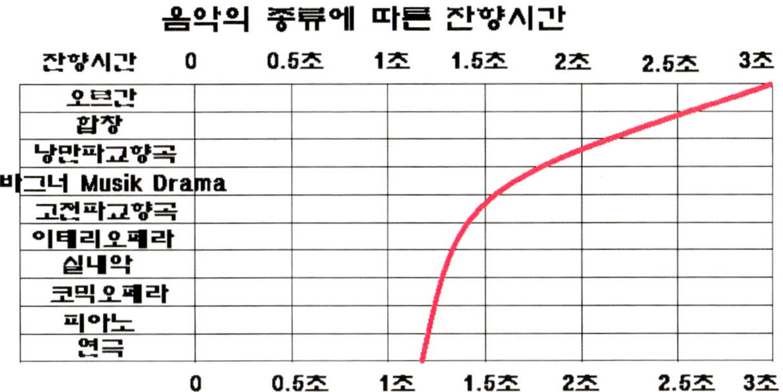

7. 홀의 크기와 종류에 따른 잔향 최적치

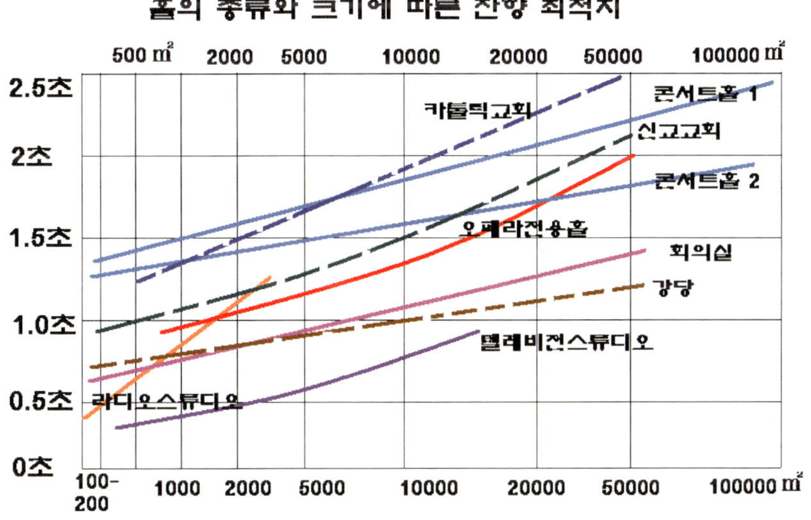

8. 세계 주요 홀 잔향시간

극장명	면적(㎡)	좌석 수	1개 좌석 면적(㎡)	잔향시간(초)
세종문화회관	36,600	4,250석	8.61	1.7~1.9
세종문화회관 소강당	3,340	600	5.56	1.2~1.3
한국국립극장	15,000	1,500	10.0	1.0~1.2
한국어린이회관 문화관	5,600	1,087	5.16	1.1~1.25
미국카네기홀	24,000	2,760	8.69	1.8
영국 로얄 페스티벌 홀	22,000	2,750	7.89	1.5~1.8
일본국립극장	9,100	1,745	5.21	0.85~1.1

　　지은이의 경험상 국가기관의 연주홀, 체육관 등의 영상, 음향 기자재의 입찰에 참여해 본 경험이 있는데 결국 잔향시간과의 싸움이라고 볼 수가 있다. 건축음향이든 음향기자재 관련이든 가장 중요한 것은 잔향시간의 가상 도출이다. 따라서 잔향은 건축음향은 물론 사운드 분야의 어떤 영역이라도 너무나 중요한 위치를 차지하고 있다.

Chapter 12
Wavelab의 잔향처리(Reverberation)

Chapter 12

1. 잔향처리 할 영역설정

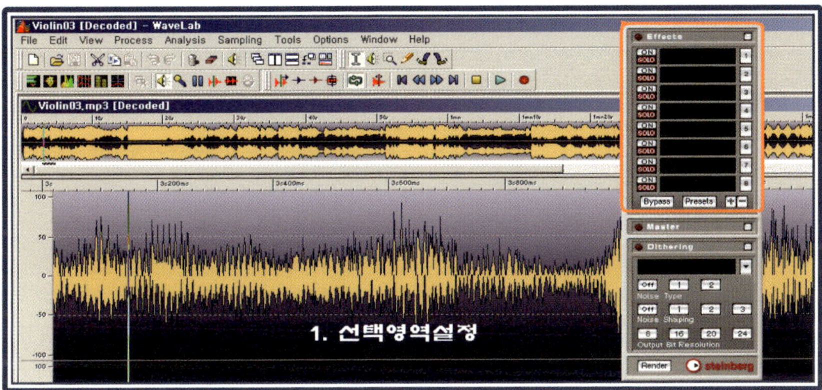

2. Direct X와 VST(Wavelab은 잔향을 VST에서 설정 가능)

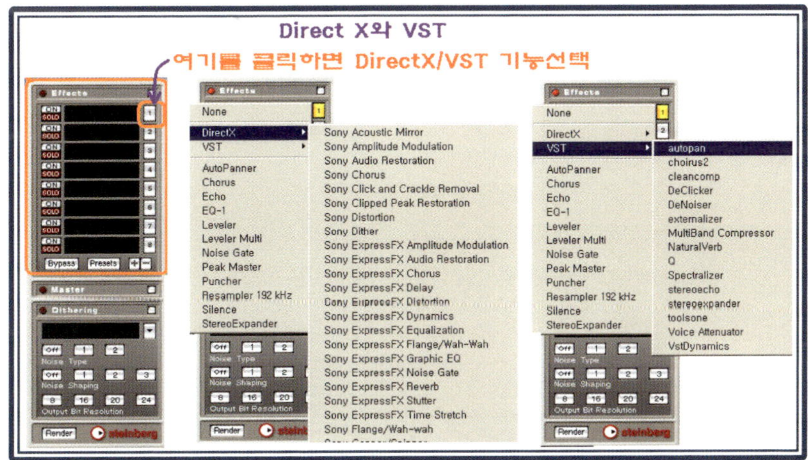

가. Direct X

1) 1955년 미국 Microsoft사가 window95와 WindowNT용으로 개발하였다.

2) 1995년의 X1, 1997년 X5, 현재는 Direct 9.0 등이 개발되었는데 직접
적으로 필요한 포맷이 사용된다고 하여 DirectX로 명명되었다.

3) 멀티미디어 환경, 즉 그림, 애니메이션, 영상, 음성 등에 사용할 수 있
는 기술이다.

4) 주요 기능들

명 칭	기 능
Direct Draw	그래픽 가속기 기능
Direct 3D	그래픽 가속기 없이 3차원 그래픽을 보다 자연스럽게 표현 한다.
Direct Sound	사운드 기능을 직접적으로 조종한다.
Direct 3D Sound	사운드의 방향성을 강조한다.
Direct input	마우스와 조이스틱 등 게임에 필요한 보조 장치를 제어하게 한다.
Direct Play	멀티플레이, 모뎀플레이 등을 통일된 규격으로 만든다.

5) DirectX는 결국 일반 IBM 계열의 PC를 위해 각 다른 회사에서 만들
어졌을지라도 상호 간에 호환이 된다.

Wavelab일지라도 DirectX에는 Sony 계열의 DirectX 기술들이 호환된다.
물론 다른 회사의 DirectX와도 통용된다.

나. VST

1) 독일 Steinberg회사의 음성처리에 주요한 역할을 하는 소프트웨어의
집산으로 잔향, 에코, 잡음 처리 등에 좋은 품질을 가지고 있다.

2) Virtual Studio Technology의 약자로서 가상 스튜디오 테크닉의 개념

을 가지고 있는데 일반적으로 하드웨어를 사용한 스튜디오의 개념을
컴퓨터 처리로 제작하였다. 따라서 하드웨어를 사용하지 않아 경제적
인 사운드 처리가 가능하다. 이러한 경제적인 측면으로 인해 소규모
홈 레코딩이 발달된다.

3) Direct X와 같이 많이 사용하나 DirectX는 일반적으로 호환이 가능하
   지만 VST는 Steinberg 관련 제품에만 호환된다. 하지만 최근 회사 상
   호 간의 협약에 의해 사용 가능한 시스템도 많다.

4) Wavelab상에 사용 가능한 VST

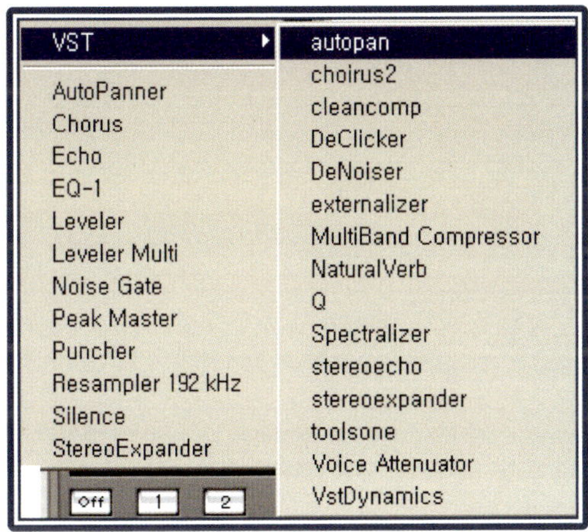

5) 분화된 개념으로 VST Instrument는 가상의 음색을 만드는 과정이며
   VST Effect는 상기 4)의 autopan 등의 사운드 처리의 방법과 VST
   MIDI로서 Cu - base 등의 컴퓨터 음악에 사용하는 MIDI 음원에 대한
   사운드 처리를 의미한다.

3. Natural Verb = 잔향(Reverberation)

Natural verb는 Reverb(잔향)의 Wavelab상의 독자적인 이름이다.

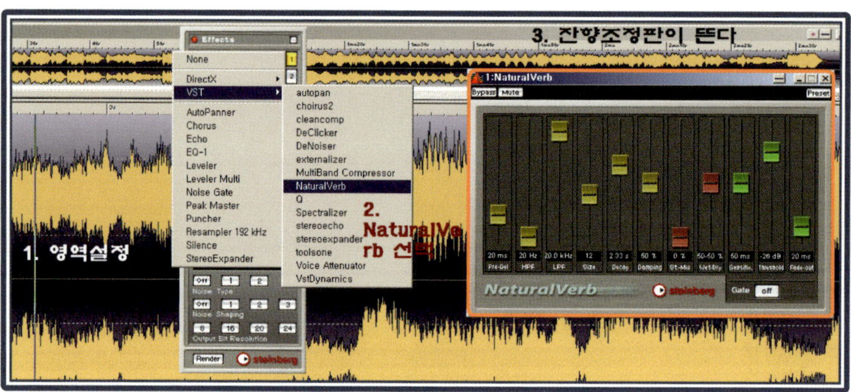

4. 각 부의 기능들

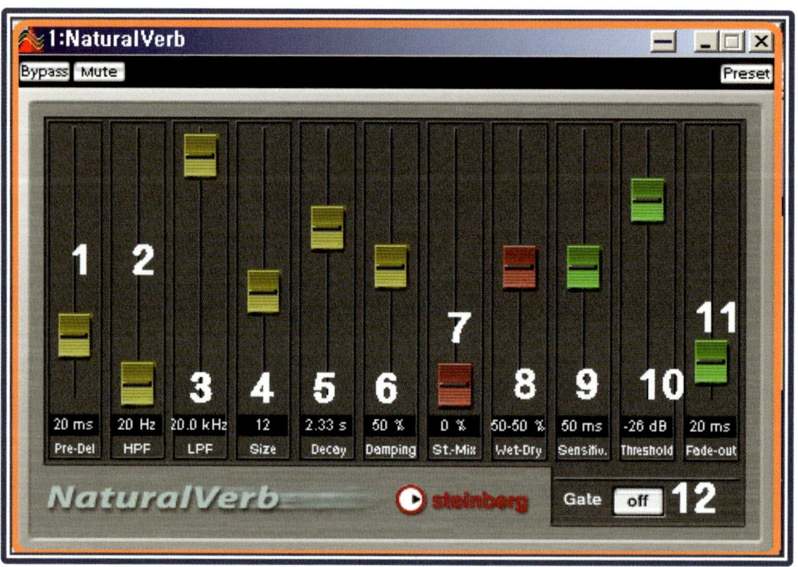

잔향의 각 부분 기능들

	기 능	내 용	
1	Pre - Delay	The value range is 0~100 milliseconds. The lower 빠른 반사의 느낌을 주는데 0~100밀리세컨드의 렌지에다 낮은 수치가 더 빠른 반사를 준다.	
2	HPF	하이파스필터(High Pass Filter)로서 원래의 소리에는 영향을 끼치지 않고 Natural Verb에서만 영향을 준다. 세팅한 주파수보다 높은 주파수 영역만 소리가 난다.	
3	LPF	로우파스필터(Low Pass Filter)로서 세팅한 부분보다 높은 주파수는 제거한다. 물론 원래의 오리지널 사운드는 그대로 내어 보낸다.	
4	Room Size	방의 크기에 따른 잔향을 표현하는데 1~30단계가 있고 방의 크기가 클수록 숫자는 높아진다.	
5	5. Decay	잔향의 길이를 26ms부터 11.63초까지를 표현한다.	
6	Damping	Damping은 습기 윤기를 준다는 내용으로 잔향의 고주파 영역을 감소시켜 소리를 부드럽고 따뜻한 소리로 만드는 기능이다. 수치가 높을수록 더 윤기를 낸다고 볼 수 있다. 0~100%	
7	Stereo Mix	잔향 처리된 음성신호를 좌우 스피커에 할당하는 기능으로 0~100%의 범위가 있는데 0은 양쪽 스피커가 각각 독립적으로 처리되며 100은 양쪽 스피커로 혼합된 소리가 50:50으로 나누어진다.	
8	Wet/ Dry	Wet 사운드와 Dry 사운드에 대한 균형을 맞추어 주는 기능으로서 조정레버가 중간에 있다면 중간 정도 느낌의 소리가 나오며 레버가 높이 올라갈수록 원래의 사운드에 가까워지며 낮을수록 원음과 멀어진 효과가 가미된 소리가 나온다.	
9	Sensitivity	영역은 1ms에서 100ms까지 있는데 Gate에 대한 분기점의 반응시간이다. 9의 sensitivity는 12의 gate가 필히 on의 위치에 있어야 한다.	gate on 필요
10	Threshold	참고신호의 시작점으로서 신호레벨이 설정한 시작점 이상에 있어야 Gate를 통과 반응하고 이하의 신호는 전부 제거한다. 10의 Threshold는 12의 gate가 필히 on의 위치에 있어야 한다. 범위는 -6~-100dB 사이이다.	gate on 필요
11	Fade - Out	신호가 들어오는 동안 Gate가 얼마 정도의 시간을 열어 두는 역할을 한다. 0~200ms의 범위에 있고 높은 수치는 더 많은 잔존하는 사운드를 남겨두면서 부드럽게 Fade out한 효과를 남긴다. 11의 Fade out는 10의 12의 gate가 필히 on의 위치에 있어야 한다.	gate on 필요
12	Gate button	Threshold, Fade out의 기능을 활성화하기 위해서는 on의 위치에 있어야 연동한다.	

5. 최종 파일 완성

수치를 변화해 갈 때 스피커를 통해 처리된 사운드를 들을 수가 있지만
항상 렌더링 과정을 거치고 **save as**를 통해 저장하여야 완전한 1개의 파일
이 형성된다.

Chapter 13
(심화과정)Wavelab, Master Section /Plugin/VST의 주요한 기능들

autopan, choirus2, cleancomp, DeClicker, DeNoiser,
externalizer, Multiband Compressor, Natural Verb, Q,
Spectralizer, stereoecho, stereoexpander, toolsone,
Voiceattenuator, VstDynamics, Dithering

이제부터 하기 싫으면 하지 맙시다. 지금부터는 심화 과정입니다

한 번 더 복습하자. VST는 Virtual Studio Technology의 약자로서 Steinberg사의 Plug in 도구이다. 실제로 Direct X에도 회사는 다르지만 같은 기능을 가지고 있다. 지은이의 입장에도 너무나 많은 plug in이 존재하여 어느 것이 더 우월하다라 말할 수는 없는데 Wavelab의 VST를 중심으로 설명한다. 이러한 기능은 물론 Direct X에서도 많이 볼 수가 있는데 현재는 모든 프로그램이 기능상 큰 차이를 볼 수가 없다. 여러분이 설치한 컴퓨터에 설치되어 있는 Direct X는 각각 다른바 이름이 비슷한 것들이 VST의 기능과 같다고 보면 된다.

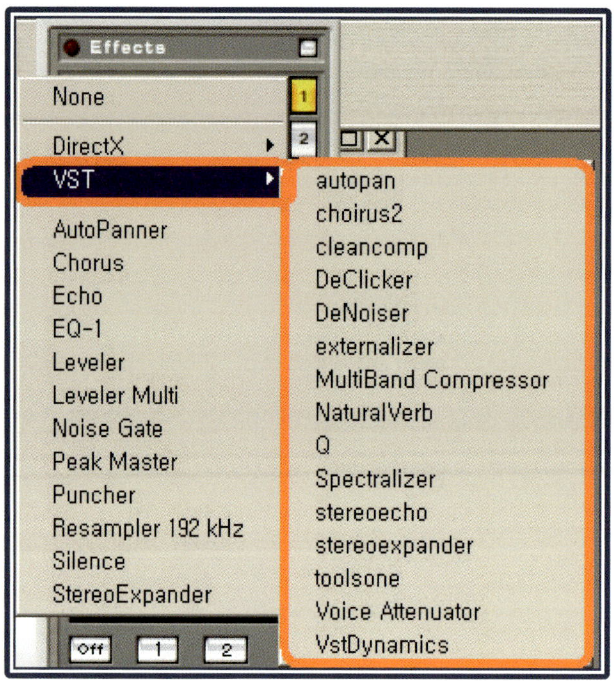

이러한 기능들은 Chapter 6에서 Declicker, Denoiser로 이미 서술한 바 있다. 그 이외의 기능들을 설명하고자 하는데 지은이가 속한 음향제작과에서도 별로 사용하지 않아 전공학생들도 별로 사용하지 않는데 이해가 안 가더라도 적당히 넘어가자. 지은이도 지금부터는 대충 넘어가는 성향이 있으므로 학생들이 모르고 넘어간다고 해도 개털(지은이의 호) 이동재 교수도 대충인데 뭐 이런 식으로 생각하면 되지 않을까 여겨진다.

DeClicker와 DeNoiser는 워낙 중요한 기능이라 이미 chapter 6에 설명하였고 이해가 안 가는 학습자는 다시 chapter 6으로 돌아가서 실행해 보기를 권장한다. 이 장에서는 상세한 내용은 생략한다. 또한 기타 기능도 보기 편하게 도표로 서술하고자 한다.

1. Master Section

가. Effects

1) 자체의 기본 Plug in인 Autopanner, Chorus, Echo, EQ－1, Leveler, Leveler Multi, Noise Gate, Peaks master, Puncher, Resampler 192㎑, Silence, Stereo Expander의 기능

2) **Direct X:** 현재 컴퓨터에 설치된 게임, 멀티미디어의 **Plug in** 전부 선택 가능

3) VST: WaveLab 혹은 호환되는 기종에 가능

autopan, choirus2, cleancomp, DeClicker, DeNoiser, externalizer, Multiband Compressor, Natural Verb, Q, Spectralizer, stereoecho, stereoexpander, toolsone, Voiceattenuator, VstDynamics.

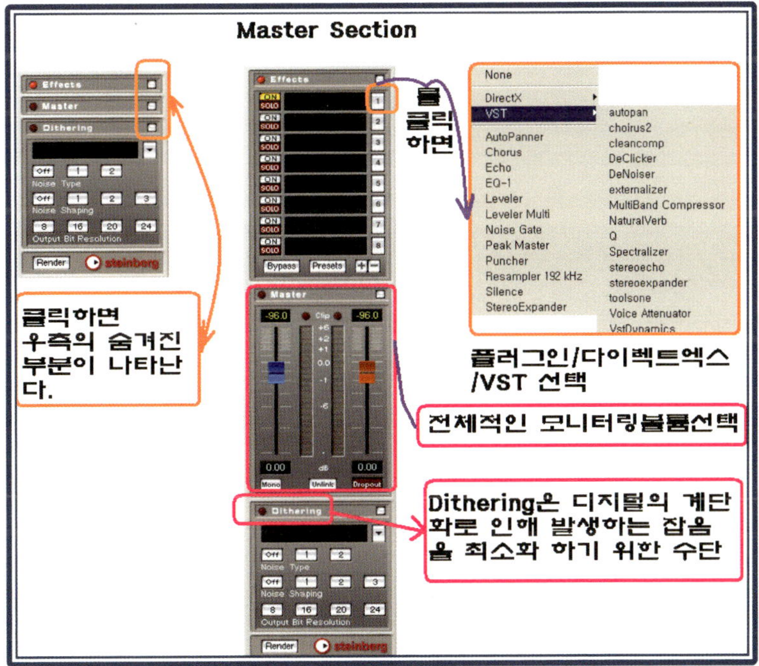

2. Live input과 Effects 사용(Plug in 사용 녹음)

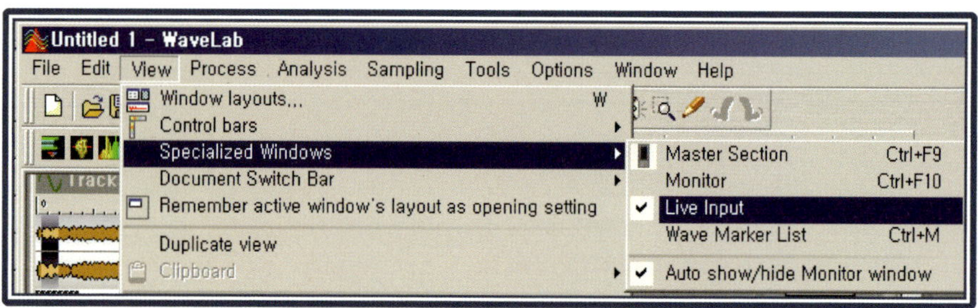

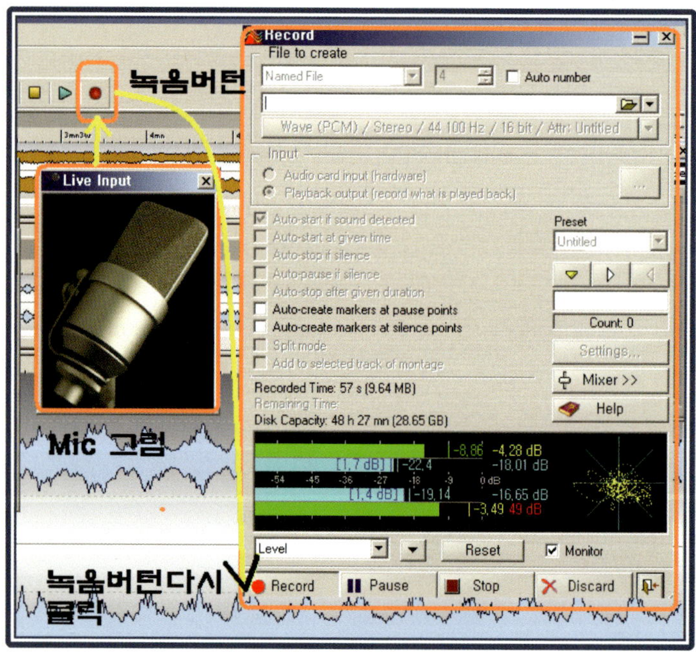

    Effects를 사용하면서 녹음하고자 할 때는 master section의 기능을 선택한 후 View – Specialized windows를 선택하면 Mic 모양이 뜬다.

최종 파일 untitled *로 wave 파일 형성

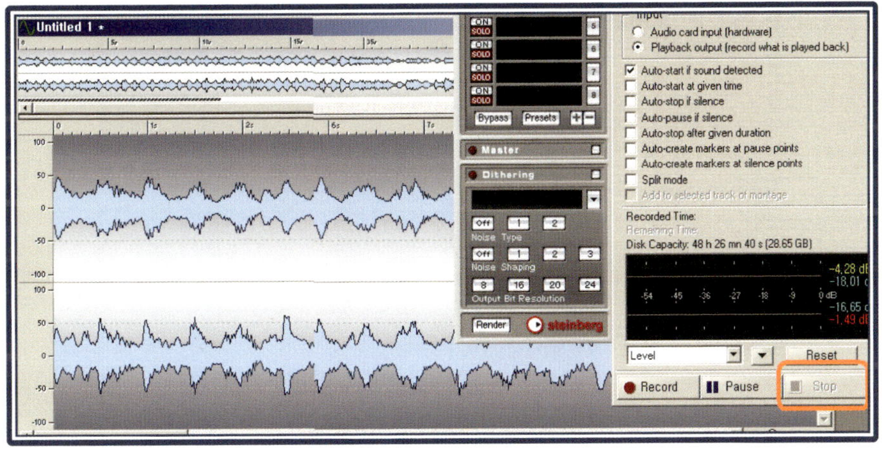

3. Master Section의 Master 기능

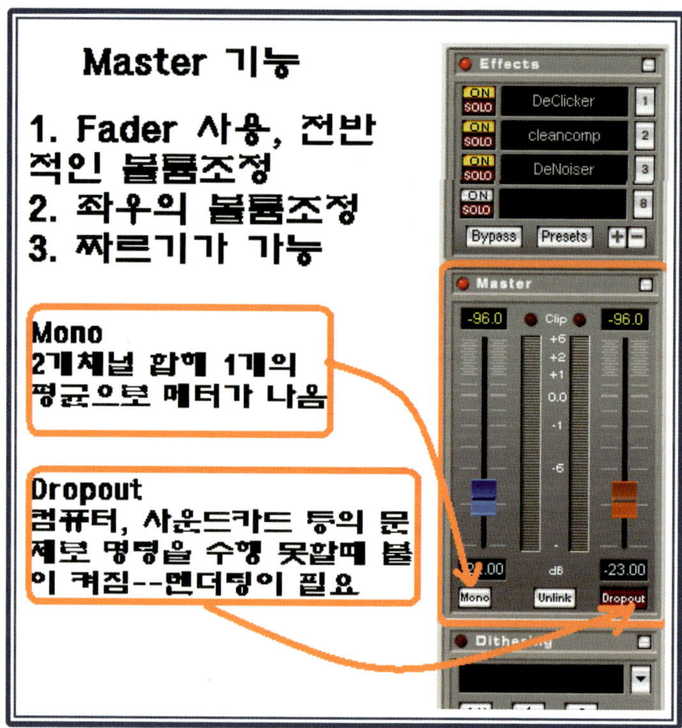

4. Dithering(Quantization Noise)

가. Quantization Noise

Dithering은 약간의 이론적 지식이 필요하다. 이 책이 약간씩 난이도를 높여 올라가는 방식으로 제작되었는데 가뜩이나 복잡한 이론이 많아 분명히 학습자에게 혼란을 준다고 예상되어 심화과정으로 설명하고자 한다. 골치 아프면 그냥 넘어가자. 우리가 디지털 사운드로 듣는 것도 결국은 그 디지털을 사운드 칩을 통해 DAC(디지털 – 아날로그 변환기)를 통해 우리의 두뇌에 전달된다. 아날로그 방식은 항상 원형을 유지하지만 디지털은 그 파형을 크게 확대하면 샘플이 된 지점마다 선형으로 되어 있고 볼륨의 크기에 따라 계단형으로 구성되어 있다. 이 계단형 구성의 선

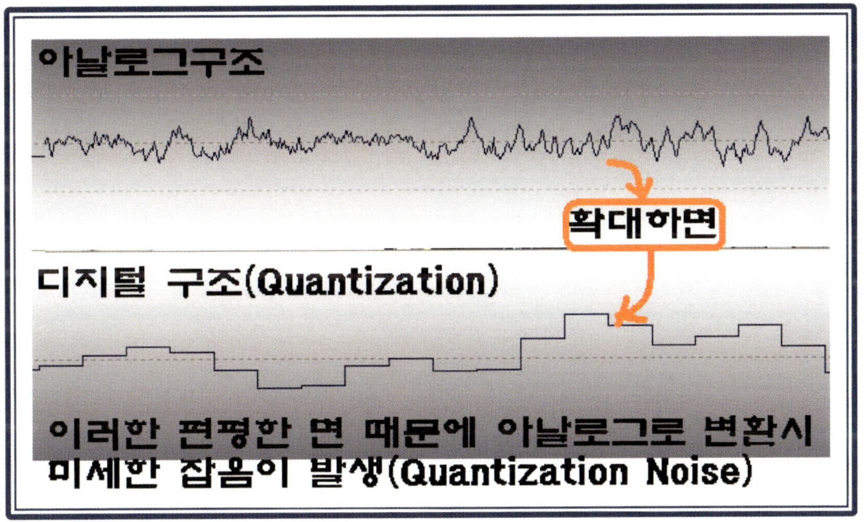

형은 샘플비율(표본추출비율, sampling Rate)에 따라 크기가 달라지는데 비율이 높을수록 그 선형의 길이가 짧아 원형에 가까워진다. 이러한 계단형 구조를 Quantization(양자화)라 하며 이로 인해 아날로그화시킬 때 자동적으로 발생하는 잡음을 Quantization Noise라 한다.

나. Dithering

이러한 Quantization Noise로 인해 생기는 잡음은 '무언가 서걱거리는 소리 같은 느낌' 혹은 '찌그러진 소리' 같은 느낌으로 우리에게 들려 귀가 민감한 사람에게는 상당히 기분 나쁜 음색으로 다가간다. 이때 Dithering의 테크닉은 특정 주파수대의 아주 적은 음세기가 있는 잡음을 추가하여 이러한 찌그러진 소리 같은 잡음을 최소화시키는 과정이다. 실제로 렌더링 시 이 과정은 사용하지는 않지만 아주 중요한 음성의 mastering 과정에서는 dithering 과정 이전의 음들을 들어 보고 결정지어야 한다. 이 기회에 한마디 더 하자. 이래서 사운드가 어렵다는 것이다. 이런 작은 미세한 음을 듣기 위해서는 수많은 사운드를 들으면서 경험을 하여야 하는데 이러한 청음과정은 수업에 있어서도 너무나 지루하여 몸부림을 친다는 것이다. 모두들 음악을 사랑하지만 음악에 필요한 교과목이 얼마나 끔찍한가를 모르고 있다.

다. 따라서 Dithering은 Quantization Noise를 최소화하는 과정이다

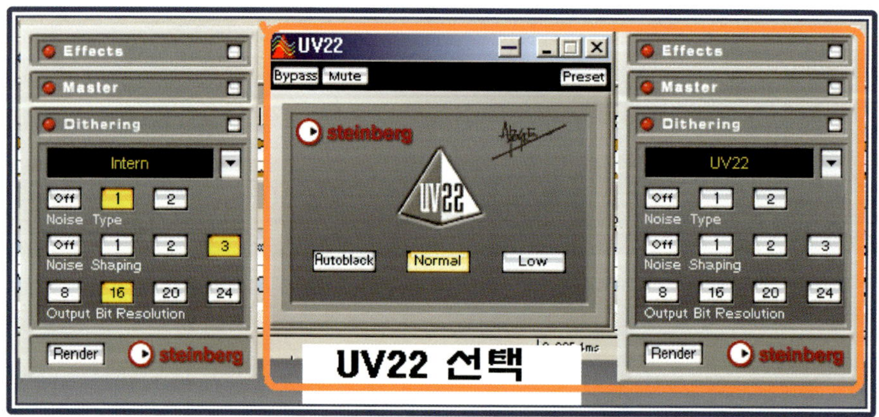

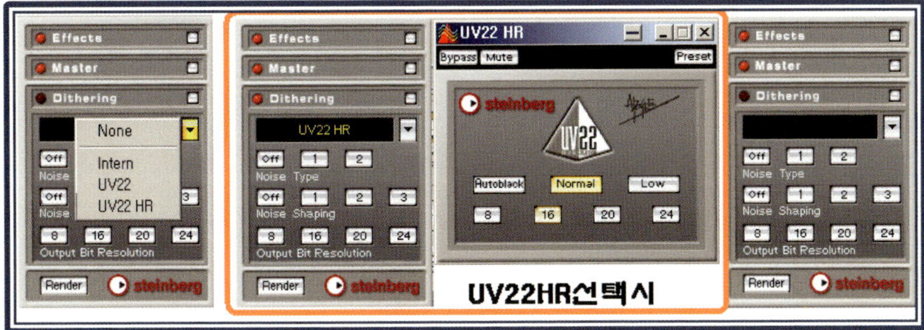

1) Intern

Intern	
Noise Type	'Off'는 Dithering 적용 안 함. Bypass 기능과 같음 'Type 1' 모든 방법 다 응용 'Type 2' Type 1보다 높은 주파수 사용
Noise Shaping	추가된 잡음의 성질을 변화시키는 기능으로 높은 번호를 선택할수록 잡음들이 더 많이 빠져나간다.
Output Bit Resolution	적합한 샘플비율로 맞추어야 정확한 최종파일이 렌더링 시 형성된다.

2) UV22

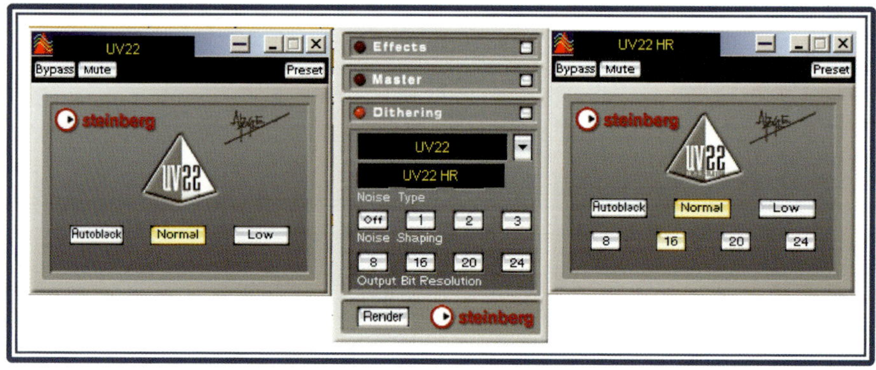

UV22는 항상 16bits 사운드카드의 기능과 연동한다. 그 외의 다른 resolution
과는 UV22HR에서 처리.

선 택	기 능
Normal	부분에 공통으로 적용/가장 먼저 적용할 분야
Low	잡음추가(Dither Noise) 시 비교적 낮은 주파수 대역을 적용한다.
Autoblack	처리 시 음이 없는 부분에서는 자동적으로 묵음(Gated) 처리된다.

3) UV22HR Dithering: UV22는 16bits인 반면 UV22HR는 8, 16, 20,
   24bits의 사운드 포맷의 기능을 처리한다.

선 택	기 능
Normal	첫 번째의 선택 영역으로 대부분의 문제를 해결한다.
Low	저주파 대역의 dither noise를 제공한다.
Autoblack	처리 시 음이 없는 부분에서는 자동적으로 묵음(Gated) 처리된다.
Bit resolution	필히 적합한 레저루션을 적용하여야 좋은 결과를 얻을 수 있다. 8bits, 16bits, 20bits, 24bits 중 선택 필요

5. Wavelab의 기본 플러그인들

Autopanner, Chorus, Echo, EQ - 1, Leveler, Leveler Multi,

Peakmaster, Puncher, Resample 192, silence, Stereo Expander

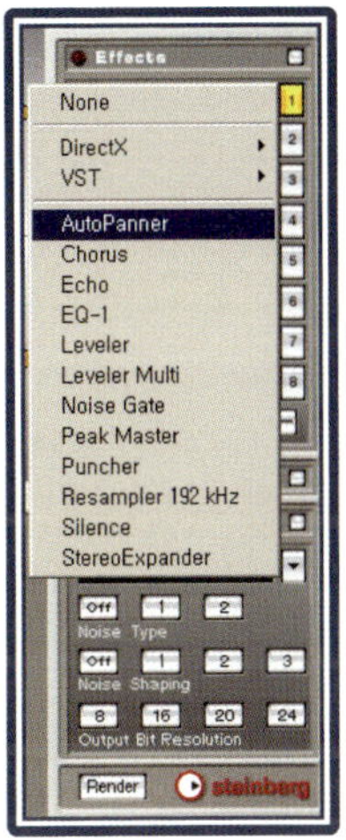

WaveLab 본연의 플러그인들로서 다른 프로그램과 연동되지 않는다.

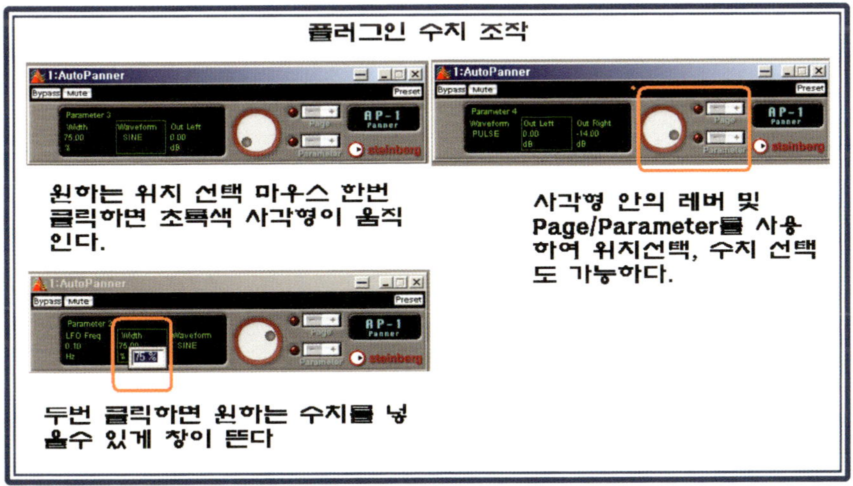

가. Auto Panner

Pan은 소리가 좌우로 움직이는 기능이다. 영상에서도 빛이나 영상 조명이 좌우로 움직임을 말한다. Tilt는 위아래로 움직이는 영상의 의미가 강하고 음성에서는 사용하지 않는다.

선 택	기 능
LFO Freq (0.1~50㎐)	좌우로 움직이는 Panning에 대한 스피드를 조정한다. 높은 숫자가 빠른 스피드를 나타낸다.
Width (0~100%)	Pan의 좌우의 크기를 나타내는데 100%는 최고의 스테레오 효과 0%로 내려갈수록 최소의 효과를 의미한다.
Waveform (Sine, Pulse)	Sine의 선택은 끊임없이 매끄럽게 팬의 효과를 나타내고 Pulse는 점프하듯이 움직인다.
Out Left, Out Right (-96~6㏈)	0㏈는 변화가 없으며 -96㏈는 채널의 off를 의미한다.

Pan의 효과는 움직임을 표현하는 데 있다. 각각의 프로그램은 자신에게 적합한 pan의 기능이 있는데 영상 사운드를 제작할 때는 원본이 모노이든 스테레오이든 별다른 의미가 없다. 예를 들면 Foley 작업을 통해 발자국 소리를 입력하거나 혹은 이미 녹음된 발자국 소리를 사용하여 한 발자국마다 동기를 시키던 해당 영상의 프로그램을 통해 적절 지점을 선택하는 것이 더 효율적이다. 예를 들면 왼쪽에서 등장하여 오른쪽으로 움직이는 영상이 있다면 그 영상을 보면서 Pan의 위치를 설정해 주는 것이 오히려 편리하다. 참고로 영상과 음성은 통합추세로 나갈 수밖에 없는 것이 위대한 음성 프로그램을 만들거나 혹은 위대한 영상 프로그램을 만드는 프로그래머조차도 쉬지 않고 노력하며 변신을 꾀한다는 사실이다. 그들이 더 공부하며 구백 년 묵은 구미호처럼 몸을 바꾼다. 그래서 그 구미호는 빠르게만 달리는 것이 아니라 이미 날개를 달고 하늘까지 날아다닌다.

나. Chorus

선 택	기 능
Delay (0.1~60ms)	원래의 소리에 대한 시간지연의 테크닉으로서 높은 수치는 더 많은 변화를 일으킨다. 7ms까지의 낮은 세팅은 원음과 다른 음들을 시간적으로 약간의 차이를 두고 섞은 느낌을 주며 25ms까지는 일반 고전적 악기의 혼합 그 이상의 수치는 변형 등 특수효과로 사용한다.
Width (0~100%)	변조에 필요한 지연시간에 대한 조정으로 0%는 가급적 피하는 것이 좋다. 수치가 높을수록 더 많은 변화.
Frequency (0.009999~25Hz)	The Frequency parameter sets the speed 변조의 속도를 조절하는 기능으로 높은 수치가 더 많은 변조를 더 빠르게 한다. 특별한 효과를 얻기 위해서가 아니라면 7Hz 이하 사용을 권장한다.
Feedback (0~100%)	얼마만큼의 효과를 가미한 출력이 입력과 합해지는 것을 나타내는 수치로서 높은 수치는 더 많은 효과를 낸다.
Fb Balance (0~100%)	Feedback의 신호가 믹싱 시 얼마만큼의 양을 혼합하는가에 대한 비율을 나타낸다.
Glimmer 1, Glimmer 2 (0~100%)	Glimmer는 깜빡이다. 희미하게 나타나다는 뜻으로 합창 혹은 복선율적인 신호를 스테레오의 이미지 속으로 확장하는 데 있다. 둘 다 Autopanner와 비슷한 기능을 가지만 glimmer은 단지 chorus signal에만 영향을 미친다. Glimmer 1은 오른쪽 채널에만 영향을 주고 Glimmer 2는 왼쪽. 오른쪽 양방에 영향을 준다.
Stereo Spread (0~100%)	스테레오 사운드 이미지를 확장하기 위해 사용한다. 0%는 Mono의 효과를 주며 이며 수치가 올라갈수록 오른쪽 왼쪽의 신호가 혼합되고 Chorus 효과는 조금 더 시끄러워진다.
Mix (0~100%)	드라이(Dry)한 신호와 지연된 신호와의 혼합레벨을 나타낸다. 0%는 드라이한 신호만 들리고 100%는 드라이한 소리와 효과가 주어진 소리의 비율이 50:50임을 의미한다.
Output Lev (-48~0dB)	Chorus 효과의 출력 레벨을 낮추는 기능으로 틱틱거리는 소리의 조정을 통해 음의 찌그러짐을 개선한다. 낮은 수치가 더 많은 개선효과를 준다.

음악적으로 일종의 합창 효과를 주는 것을 말하는데 원음을 기준으로 다른 음들을 덧씌워 가는 것이다.

다. Echo

산울림과 같은 메아리 효과를 주는 기능이다.

선 택	기 능
Delay 1 (0.5~1,000ms)	지연시간을 세팅하는 데 0.5초에서 10초 사이를 선택할 수 있다.
Feedback 1 (0~100%)	반복적으로 지연된 신호를 가미하는 것으로서 100%는 에코신호가 무제한적으로 반복되며 0%는 1전의 반복만을 가진다.
Link 1-2 (Off, Linked)	Delay 1과 Delay 2를 사용하기를 원한다면 off를 선택하여야 한다.
Delay 2, Feedback 2	Delay 1의 기능과 Feedback 1의 기능에 추가하여 제2의 지연 블록을 주는 것이다.
Del. Balance (0~100%)	Delay 1과 Delay 2의 스테레오 영역을 설정하는데 100%일 때는 Delay 1에서는 왼쪽 채널에 Delay 2일 때는 오른쪽 채널에 효과를 주며 0%일 때는 양 채널로 균등히 준다.
Vol Left, Vol Right (-96~0dB)	Delay 효과에 의해 발생된 볼륨 불균형을 조정해 주는 역할을 하는데 에코효과에만 국한한다. Dry한 효과에는 영향을 미치지 않는다.

라. EQ-1

EQ는 VST에도 'Q'로서 있는데 Audio Montage는 물론 Master Section이 제반 사운드 효과에 적용된다. 3밴드 이퀄라이저와 같은 기능이다.

선 택	기 능
High Gain	높은 영역 주파수에 대해 음세기 확장 혹은 제거할 것인지에 대한 기능이다.
High Frequency	High Gain 세팅에 따라 상기 선정된 주파수의 주파수들을 기준을 두는 것으로서 최종 기준 주파수 이상을 증가 혹은 감소시키는 기능이다.
Mid Gain	중간영역의 주파수 대역을 음세기 증가 혹은 감소시키는 기능이다. dB로 증감한다.
Mid Frequency	중간주파수 대역을 설정하는 기능이다. 음세기의 증가는 Mid Gain의 선택된 수치를 따른다.
Mid Q	중간주파수 대역의 넓이를 결정한다. 높은 수치는 좁은 중간 주파수 대역을 의미한다.
Low Gain	저주파 대역은 음세기에 대한 증감을 결정한다.
Low Frequency	Low Gain 세팅에 따라 상기 선정된 주파수의 주파수들에 기준을 두는 것으로서 최종 기준주파수 이하의 주파수의 음세기에 대해 증가 혹은 감소시키는 기능이다.

Vst에도 'Q'의 플러그인이 존재하는데 equalizer 밴드의 기능과 별개로 추가적인 기능이 탑재되어 있다.

마. Leveler & Leveler Multi

신호레벨을 단순히 증가 혹은 감소시키는 역할을 하며 각기 다른 효과 사이의 레벨을 조화시킨다. 이퀄라이저 사용 후 leveler를 패치시킬 수 있다. 스테레오 파일이 형성되어 있다면 이 기능을 사용하여 모노파일로 레벨을 맞추어 신호처리를 가능하게 한다.

바. Noise Gate

설정된 분기점 이하의 신호를 격감시키는 역할을 하는데 이 기능의 장점은 원하지 않는 잡음제거 혹은 묵음처리를 하여 도움을 준다. 예를 들면 박수와 같은 소리들, 타악기의 지저분한 뒷소리 처리에 도움을 준다.

Parameter	Description
Threshold ($-144 \sim -12\,dB$)	선택된 분기점 이하의 세기를 가진 모든 음들은 묵음된다.
Rel Time ($1 \sim 5,000\,ms$)	얼마 동안 분기점으로부터 Noise Gate가 설정될 시간을 결정한다.
Rel Sens ($1 \sim 100$)	분기점 근처의 미세한 부분의 보호를 위해 사용된다.
Attack Sens ($1 \sim 100$)	Gate가 언제 열릴 것인지를 결정하는데 적은 숫자는 빠른 경과반응을 만들고 많은 숫자는 앞부분의 사운드 소리를 부드럽게 하거나 묵음을 만들게 한다.

사. Peak Master

오디오 신호에 대한 안전하고 품질 좋은 증폭을 주는 기능으로 목적에 적합한 사운드를 음의 찌그러짐 없이 만들 수 있다.

선 택	기 능
Input Gain(− 12~ + 24 dB)	Peak master에 대한 입력 조절가능으로 신호의 세기에 대한 증가를 필요로 할 때 사용한다. 지나친 세기의 증가는 음이 찌그러짐에도 유의하자.
Out Ceiling(− 18~0 dB)	Peak Master 출력에 대한 세팅이다.
Softness(− 5~5)	높은 수치는 수용된 라우드니스에 대한 효과를 최대화하지만 항상 좋은 결과를 얻기 위해서는 수치 조정이 필요하다.

아. Puncher

이 기능은 원음에 대해 **Harmonics**의 구조를 부가하여 음이 더욱 역동적 (**Dynamic**)인 '**Punchier**(박력 있는)'의 느낌이 있는 소리를 만든다. 특별히 드럼 혹은 타악기에 사용 적합하다. 이상적인 수치로는 10 dB과 0 dB인데 0 dB가 가까울수록 좋다. **Harmonics**는 음악적인 배음 구조의 성분을 가진 한 개의 음색을 결정 지우는 내부성분을 의미한다. 이 장에서 이 내용을 설명 하기에는 상당히 어렵다. 지은이의 다른 책 예당출판사 '**CSound**'의 음색과 적용에서 상세 설명되어 있다.

선 택	기 능
Density(Soft, Medium, Hard)	Harmonics(하모닉스)의 수에 관련한 선택 사항으로 Hard로 갈수록 더 많은 하모닉스가 혼합되게 된다.
Effect(0~100%)	드라이한 신호와 효과를 혼합하는 기능이다.
Input Gain (− 12~24 dB)	입력레벨조정으로 증가는 항상 틱틱 하는 소리를 파생할 수 있음에 유의하자. 하지만 증가 없이 사용하는 Density는 상기와 같은 나쁜 결과가 오지 않는다.

자. ReSampler

이 기능은 **Process**에 있는 **convert sample rate**와 비슷한 내용이지만 실시 간으로 **Resampler**는 어떤 비율로 녹음이 되었던 이를 플레이할 수 있는 기 능인데 주로 과거의 **Sound Card** 혹은 **Chip**의 성능이 좋지 않을 때 사용하 였다. 이 기능은 현재로서는 거의 사용하지 않는다.

하지만 최종 매스터링 과정에 있어서는 표본 비율을 최종 확정해 주기 위해 필요하다.

선 택	기 능
Freq(Sample Frequency 11~192㎑)	필요한 표본 추출비율 설정
Quality(Low, Medium, High)	조금 더(Higher) 나은 품질을 위해서는 컴퓨터가 더 많은 연산을 하게 한다. 무조건 High를 사용하기를 권장한다.
Fine	Fine은 어떠한 표본비율을 선택 가능하게 해 준다. 현재의 세팅은 오른쪽에 ㎑ output으로 표시된다.

차. Silence

시작점과 마지막 점에 묵음 기능을 주는 것이다. 예를 들면 잔향이나 지연효과를 줄 때 사운드 꼬리부분을 원하는 데로 처리할 수 있게 한다. 따라서 앞 혹은 끝 부분이 자연스럽게 끝나게 한다. 시작점, 끝점, 길이만 지정할 수 있다.

카. Stereo Expander

스테레오 효과를 극대화 혹은 최소화하는 기능이다. 0%는 왼쪽 오른쪽 스피커에 똑같은 양을 내보내고 1~49%는 비교적 좁은 스테레오 이미지를 들려주고 50%는 원래의 소리와 같으며 51~100%는 스테레오 이미지를 확장하는 기능이다.

선 택	기 능
0%	양 채널에 똑같은 음성 파일을 내보냄(Dual Stereo)
1~49%	원음보다 좁아진 스테레오 이미지
50%	원음과 같음
51~100%	원음보다 스테레오 이미지 확장

음성, 음악 프로그램, 관련 이론에서
많이 사용하는 영어단어 모음

A

accidental [æ̀ksidéntl] [음악] 임시표(♭,♮,♯, 등). **adj.** 우연[불의]의, 뜻밖

acid [æsid] Roofing을 이용한 음악제작 프로그램. 산(酸). 산성 물질, 신

active [æktiv] 선택된 파일, 전원 있는 스피커 활약하고 있는, 분주한.

add [æd] …을 더하다; [add A to B], 덧붙여 말하다, 부언하다,덧셈[가산]을 하다.

additive [ǽdətiv] n. 부가물[요소, 어(語)]; 혼합[첨가]제, 추가적인

adjust [ədʒʌ́st] 맞추다, 조정하다 (표준·요구 따위에); (옷의) 치수에 맞추다.

align, [əláin] 일직선으로 맞추다, 가지런히 하다.

analysis [ənǽləsis] 분석, 분해 (↔ synthesis : 합성)

annotation [æ̀nətèiʃən] n. 주석[주해](을 달기).

apply [əplái] 적용하다, 해당시키다, 응용하다

archive [ɑ́ːrkaiv] n. 옛 기록, 공문서. 기록 보관소, 문서국.

arrange [əréindʒ] v. …을 배열하다; …을 정돈하다, 단정하게 하다.

articulation [ɑːrtìkjəléiʃən] n.(언어의) 자음. 유절화(有節化), 분절(화).조음(調音);

attribute [ətríbjuːt] 특질, 특성, 속성; 기인한다고 생각하다.

audio [ɔ́ːdioù] adj. [전자] 가청 주파의, 저주파의, 음성, 음의 재생

B

balance [bǽləns] 균형을 맞추다, 균형

bank [bæŋk] n.(피아노타자기 등의) 키의 열. 둑, 제방, 은행. 저장소. 저죽.

bar [bɑːr] n. 차단봉; 유료 관문., (받침고정용의) 가로장, 비녀장; (문짝 등의)

bar line [음악] (악보의) 세로줄(bar line), 마디, 소절;

barn [bɑːrn] (곡물을) 곳간에 저장하다.

bass [beis] [음악] 저음의, 베이스의. 최저음부의. 저음 [악기].

batch [bætʃ] [컴퓨터] 배치(일괄 처리되는 그룹). processing 일괄 처리.

beam system [통신] 빔 방식. 일정 방향에 특히 강한 전파를 복사하는 안테나 방식

below [bilóu] 아래(쪽)에, 낮은 곳에(↔ above) cf. UNDERNEATH.

bend [bend] 굽히다, 구부리다.

binding [baindiŋ] 묶기, 동이기, 매기, 죄기; 결합; 속박. 제본, 책매기

blur [bləːr] vt. 희미하게 [흐리게] 하다. 또렷하지 않게 하다.

bookmark(er) [búkmɑːrk(ər)] 서표(書標), 장서표. 일정한 표시를 하는 것

border [bɔ́ːːrdəːr] 테두리, 가장자리; (검은 테 따위의) 테(두리).

breakpoint [bréikpɔ̀int] (어느 과정에서의)(일시) 정지 지점. 중지점, 휴지점

brightness [bráitnis] 빛남, 밝음; 휘도(輝度), 광도; 선명, 산뜻함

broadcast [brɔ́ːdkæ̀st, ˈ-kɑ̀ːst] 방송[방영] 하다.

bump [bʌmp] 충돌을 방지 하기 위한 장치

burn [bəːrn] (낙인·명(을)찍다. 컴퓨터(PROM, EPROM)에 프로그램을 써넣다.

C

cancel [kǽnsəl] 취소하다, 철회하다, 무효로 하다.

cascade [kæskéid] n.계단식으로 쌓다. (가파른) 작은 폭포(waterfall); 계단 폭

channel [tʃǽnl] 영상 혹은 음성을 배치하는 트랙, 강바닥, 하상, (텔레비전라디오전신 등의) 통신로, 채널, 주파수대

checkerboard [-bɔ́ːrd] 체커판(영국) 체커판 같은 무늬가 있는 것.

choose [tʃuːz] …을 고르다, 선택.

chord [kɔːrd] [음악] 화음, 코드. 감정, 정서, 심금.

chorus [kɔ́ːrəs] [음악] 합창(곡), 이구 동성으로 내는 (목)소리 (unison).

chroma [króumə] 조명, 채도(Saturation), 색도(色度).

clear [kliər] 정리하다, 비우다, 치워버리다, 제거하다. 〈빚 등을〉청산하다.

clef [klef] n. [음악] 음자리표. 음자리표.

click [**klik**] n. 찰깍하는 소리. 딸깍 소리가 나다.

clipboard [**klípbɔ : rd**] 클립보드. 서류를 끼우는 판.

clone [**kloun**], clon [klan, klounkln] [컴퓨터] 복제품 무성생식

close [**klouz**] 파일을 닫다. 눈을 감다, 입을 다물다.

command [**kəmǽnd**] 명령문, 명령하다.

compatible [**kəmpǽtəbəl**] 호환 가능한, 양립할수 있는

compile [**kəmpáil**] [컴퓨터] 프로그램을 기계어 명령으로 교환[번역]하다. 편집
　　하다, 최종 파일로 만들다. rendering

compress [**kəmprés**] 음이 최대치를 초과하지 않게 누르는 것, 압축하다

concept [**kánsept / kɔ́n-**] 개념, 새로운 착상.

concert [**kánsə(:)rt / kɔ́n-**] 음악회, 연주회, 콘서트, 리사이틀. (~o)협주곡.

connect [**kənékt**] 연결[접속]하다.

console [**kənsóul**] 콘솔.(라디오축음기텔레비전 등의) 콘솔형 캐비닛, [컴퓨터]
　　조작 테이블; [電] 제어 장치.

compact [**kəmpǽkt / kámpækt**] 작은, 소형의, 빽빽이 채워 넣다, 압축하다

component [**kəmpóunənt**] (교환가능한) 구성요소들, 구성 물품들, 구성장비들

constituent [**kənstítʃuənt**] a 요소, 성분, 구성물,

content [**kəntént**] 내용, 기사. (책문서 등의) 항목,

contour [**kántuər / kɔ́n-**] 음악의 음조곡선 .윤곽(outline), 외곽, 외형(shape)

controller [**kəntróulər**] 제동기, 정류기, 제어 장치.

convert [**kənvə́ : rt**] 변환하다, 포맷을 바꾸다. 변하게 하다, 변형[변질]시키다

convolution [**kánvəlú : ʃən / kɔ́n-**] .소용돌이

cookie, -ey [**kúki**] 〈컴퓨터〉 쿠키(인터넷 접속 시 PC의 하드 드라이브에 저장
　　되는 사용자의 개인 신상 파일).

copy [**kápi / kɔ́pi**] 사본, 복사물, 부본; 모사, 모방; [法] 등[초] 본.

correction [**kərékʃən**] 정정(하기), 수정(amendment), 교정.

count [**kaunt**] 계수하다, [음악] 박자를 세다.

count on [**upon**] …을 의지하다[믿다], 기대하다.

creat …을 창조하다. 새로 만들다.

crop [**krɑp / krɔp**] 농작물, 수확물, 수확하다.

corrector [kəréktər] 수정, 교정, 바로잡는 사람, 첨삭자; 교정(校正)자

cross [kr(:)s] 엇갈리게, 교차하게

cross-fade ['-féid] (음성)한쪽은 점점 여리게 한쪽은 점점 강하게 서로 교차, (영상)앞선 영상은 어두워지고 다음영상은 밝아지면서 교차

cubic [kjú : bik] 입방의; 세제곱[3차]의; 사각모양의, 정계(晶系)의(isometric).

cue [kju :] [음악] 연주, 지시, 악절. 줄, 열을 선 것.

cursor [kə́ : rsər] [컴퓨터] 위치 표시 기구(주로 마우스로 표시)

curve [kə : rv] 곡선도표, 그래프; 운형(雲形)자.

customize [kʌ́stəmàiz] 개인의 희망에 맞추다. ~을 주문을 받아 만들다,

cut [kʌt] 파일을 자르다, …을 칼 등으로 절단하다(sever);

cutoff [kʌt-ɔ́ : f, '-àf / '-ɔ́f] 잘라내기, 절단, 절단기.

D

default [difɔ́ : lt] (컴퓨터) 초기 값, 잠재적인, (의무 등의)

deform [difɔ́ : rm] 변형시키다. 모양 없이[흉하게] 하다; 불구로 하다

density [densti] 밀도, 밀집 상태. 농도, 비중.

deselect [dì : silékt] 해제하다, 선택하지 않다.

dialogue, 《美》-log [dail(:)g] 대화, 대담, 문답, 회화.

delay [dilei] 지연되다, …을 연기하다, 더딤, 연기, 순연,

device [divais] 장치, 장비, 고안물; (기계적) 장치.

disable [diséibəl] 장치를 사용하지 않다. …을 무(능)력 하게 하다

display [displei] 〈상품예술 작품 등을〉전시하다, 진열하다(show);

distortion [distɔ́ : rʃən] 찌그러뜨림, 뒤틀기, 왜곡, 찌그러짐, 비틀림.

dot [dɑt / dɔt] 점, 작은 점; 도트, 점선 [음악]부점(符點); (모스 부호의) 점.

double-whole rest [dʌ́bəl-houl- rest] [음악] 온쉼표.

drag [dræg] 마우스를 끌다, 〈무거운 것을〉끌다, 끌어당기다.

draw [drɔ :] 그리다, …을 (…쪽으로) 잡아[끌어]당기다.

driver [dráivər] 컴퓨터 구성부분을 작동 하게하는 소프트웨어 부

drop [drɑp / drɔp] 낙하, 강하; 낙하 거리, 떨어지기

drop out (1) 떠나가다; 소실하다. (2) (경쟁 등에서) 낙오하다.

drum [drʌm] 북, 드럼; 《the s》 (오케스트라악대의) 드럼부. 중이(中耳);고막.

duplicate [djú : pləkit] 사본, 복제물, 복제본, 원본을 2개로 만든것

during [dju(:)riŋ] (특정한 기간의) 처음부터 끝까지, …동안 (내내).

dynamic [dainǽmik] 동적인(↔ static); 힘찬, 정력적인, 행동적인, 끊임없이 변화하는. [음악] 음량의 범위(fff~ppp) [공학] 최고 dB와 최소 dB사이

E

entry [entri] 입장, 참가, 가입, 입구; 현관, [음악] 도입부 [컴퓨터] 엔트리.

echo [ékou] 반향(음); 산울림; [음성] 반사파, 에코.

edit [édit] 편집[감수]하다. …을 교정하다, 편집, 교정

effect [ifékt] 효과. (원인에 대한) 결과, 영향(↔ cause).

éighth nòte [음악] 8분 음표(quaver), ♪

éighth rèst [음악] 8분 쉼표.

element [éləmənt] 기본요소, 더 이상 분석할 수 없는 구성「요소」.

encore [áŋkɔ : r, ankɔ : r] / ɔŋkɔ́a [음악]한곡 더, 앙코르, 재청이요

enharmonic [ènhɑ : rmánik / -mɔ́n-] a.[음악] 반음 이하 음정, 비교적 기분 나쁜 음색을 형성

ensemble [ɑ : nsɑ́ : mbəl] (악단원 전원에 의한) 합주, 합창, 전체적인 조화

erase [iréis / iréiz] 지우기, 삭제

event [ivént] 사건; 행사; 중요한 사건, 대사건.

exit [égzit] 나감, 프로그램 종료, 파일 나가기, 퇴출, (배우의) 퇴장.

expand [ikspǽnd] 확장하다. 늘리다, 확대하다, 팽창시키다; 다.

explorer [iksplɔ́ : rər] window 탐색기, 탐험가. 탐구자.

exponential [èkspounénʃəl] 급격한.

export [ikspɔ́ : rt] (파일)을 유출하다. 출력하다(상품사상기술 등을) 수출하다

expression [ikspréʃən] (말 동작 그림 등에 의한) 표현. 말(word), 표현법, 말투,(언어의) 표현력.

extract [ikstrǽkt] (…에서부터) 추출하다, 뽑다, 빼(내)다; 적출하다

F

fade [feid] 〈색, 빛, 소리 등이〉 희미해지다, 바래다, 약해지다

fit [fit] (목적조건에) 맞는, 알맞은, 적합한, 어울리는. 적합하다, 어울리다.

flange [flændʒ] 플랜지, (철관 등의 끝의) 겹친 테두리; (레일 등의) 나온 귀; (차바퀴의) 불룩한 테두리, 가장자리.

flare [flɛər] 너울거리는 불길, 흔들거리는 빛. 섬광

flat [fret] [음악] 악보의 내림표(♭)

flip [flip] …을 (손가락으로) 튀기다, …을 홱 던지다.

floating [flóutiŋ] (물위공중에) 떠[떠다니고] 있는. 유동[부동]적인, 변수

focus [fóukəs] (렌즈의) 초점 (거리); (상의) 초점 정합 (위치).

folder [fóuldəːr] 담는 종이봉투, 파일 철, 접기

font [fɑnt / fɔnt] 글씨체,『인쇄』 [인쇄]폰트, 같은 자체크기의 활자 한벌.

format [fɔːrmæt] 형태, 형식 [컴퓨터]어떤 파일을 구성한 특별한 형식

frame [freim] (필름연속) 한 장면[토막]. [컴퓨터] 틀; 책의 가장자리 장식 (영상) 24프레임 영화, 29.97프레임 NTSC DV, 25 프레임 Pal

free [friː] 공짜, 자유 규칙[일정한 틀]에 얽매이지 않는

frequency [fríːkwənsi] 주파수, 빈도, 도수, 횟수, 음악적으로는 pitch

front-page [frʌ́ntpèidʒ] 제1면의, 적합한, 중요한.

full [ful] 가득 참, 가득한, 충만한, 빽빽이 찬;

G

gain [gein] 증가량, 얻은량, 증가, 증가량 (노력의 결과) 얻다, 입수하다,

gate [geit] 문, 사립문, 살문. (출)입구, 관문, 성문

generate [dʒénərèit] (전기·열 등을) 발생시키다, 일으키다. 산출[생기게] 하다.

generic [dʒənérik] 속(屬)의, 〈성질 등이〉속에 특유한 성격.

glow [glou] 백열, 백열 광, 빛, 불꽃 없이 타는 물체의 빛. (색채) 선명도.

grain [grein] 알갱이. (종자로서의) 낟알; (특히) 알곡(밀, 옥수수, 쌀 등).

grab [græb] 움켜쥐다. …을 갑자기 꽉 잡다, 움켜쥐다, 잡아채다(clutch); …공유지를 횡령하다. 잡아 쥐기, 잡아채기, 약탈, 강탈, 불법 입수, 횡령.

grace [greis] 품위 있음, 고상, 우아; 우미; (문체표현 등의) 아름다움, 세련미. [음악] …에 꾸밈 음[카덴차 (등)]을 붙이다.

gráce nòte [음악] 꾸밈 음, 장식음.

granular [grǽnjələr] 알갱이로 이루어진; 과립 상(顆粒狀)의.

graphic [grǽfik] 그림, 도표, 도식

grid [grid] 쇠창살(grating); 지도해도항공 사진 등의 위에 그은 바둑 판 무늬.

groove [gru : v] 홈; 바퀴 자국, 수로(水路); (레코드판의) 홈; …에 홈을 파다;

guess [ges] 추측하다. 추정하다. 억측하다

H

hálf nòte [음악] 2분 음표. ♩

hálf rèst [음악] 2분 쉼표

harmony [háːrməni] [음악] 화성, 협화음. 화성법, 조화, 화합, 일치.

hide [haid] 감추다, 숨기다.

history [hístəri] 내력, 역사. 전기. 경력, 이력, 병력 (사물의) 역사

horizontal [hɔːrəzántl / hɔːrəzɔ] 수평으로 놓여 있는, 수평이 된(↔ vertical).

hyper [háipər] 초월한, 과도한, 너무 기운찬

I

ignore [ignɔːr] 무시하다, 묵살하다.

import [impɔːrt] 수입(↔ export); …을 이입(移入)하다, 들여오다.

improvisation [imprɑ̀vəzéiʃən, ìmprəv] [음악]즉흥연주. 즉흥으로 하기

index [índeks] 색인; 목록; 카드식 색인 지침, 지표.

initialize [iníʃəlàiz] [컴퓨터] 초기화, 초기 값 설정

initialization 초기화

information [ìnfərméiʃən] 정보, 보도, 소식, 제보[염탐] 자료, 뉴스.

ingredient [ingríːdiənt] 혼합물의 성분. 비유적으로도 씀.

insert [insə́ːrt] 삽입하다, 끼워 넣다(thrust), 끼우다.

install [instɔːl] (프로그램을) 설치[가설] 하다, 설비하다

instrument [ínstrəmənt] 기계(器械), 기구, 악기, 컴퓨터도구

interpolate [intə́ː rpəlèit] 꼭지 점을 맞추다, 중간 사이에 끼워 넣다.

introduction [ìntrədʌ́kʃən] [음악] 서곡, 전주곡(prelude).

invention [invénʃən] 발명, 안출, 창출, 고안; (예술에서) 창조. [음악] 인벤션
　(환상적인 소즉흥곡)

invert [invə́ː rt] 〈위치 순서 관계를〉 거꾸로[반대로] 하다.

iris [áiris] (조리개를 조작하여) 아이리스인[아웃]으로 하다(in; out).

J

jukebox [dʒuː kbɑ̀ks / -bɔ̀ks] n. 주크박스, 자동 전축(juke).

K

kernel [kə́ː rnəl] 요점, 핵심, 중핵(中核), 심수(心髓)(of); 가장 중요한 부분

key [kiː] [음악] 으뜸음; 조성열쇠; 열쇠 모양의 것. (해결이해 등의) 실마리,

keyboard [kíː bɔ́ː rd] n. (피아노타자기 등의) 건반, 키보드. 건반 악기.

kéy sìgnature [kiː -sígnətʃə́ː r] [음악] 조표, 조성결정

L

layer [léiəː r] (쌓인 것, 페인트 등의) 층, 지층, 계층. 층을 이루다

layout [léiàut] 구획, 배치, 설계. 펴기, 펼치기, 깔기.,지면(地面)

left [left] ad 　왼쪽의, 좌측의; 좌익, 없음

legacy [légəsi] 유산, 이어[물려]받은 것, 상속

length [leŋkθ] 길이; 세로; 키. (시간의) 길이, 기간, 기한.

lens [lenz] 렌즈, 렌즈 꼴의 물건, (눈알의) 수정체.

level [lév-əl] 같은 높이로, 평평한, 울툭불툭한 데가 없는,

library [láibrèri, -brəri / -brəri] 도서관, 도서실; 박식가, 자료 보관장소

linear [líniər] 선형의, 직선 모양의 .길이에 관한, 1차원의; 선으로 표시되는.

link [liŋk] (사슬의) 연결고리; (뜨개질의) 코. 연결고리, 연결하는 것, 유대, 인연

list [list] 　일람표, 목록(catalog), 명세서; 명부, 명단,

load [loud] 짐을 싣다.(운반운송을 목적으로 한) 적하(積荷), 짐, 무게, 중량, upload/download 컴퓨터상의 파일 이동

lock [lɑk / lɔk] 자물쇠, 정지장치; (차의) 바퀴 멈추개, 로크, 브레이크.

loop [luːp] 일정한 방향으로 지속적으로 진행하는 길.

lyric [lírik] 노래 가사, 서정시, (유행가뮤지컬 등의) 가사.

M

main [mein] 주요한, 주된, 가장 중요한, 중심적인.

magnetize [mǽgnətài] 자성이 있게 하다, 끌다, 매료하다, 황홀하게 하다.

margin [mɑ́ːrdʒin] 이익의 차이, 가장자리, 가, 끝; 물가 ,

mark [maːrk] (식별을 위한)자국, 표시 , 멍, 점, 평점, 점수.

marker [mɑ́ːrkəːr] 표(시)를 하는 사람[것]; 매직펜 류; 표시 된 것

marking [maːrkiŋ] 표, 점; (짐승 새의 털, 깃털 등의) 반점, 무늬. 채점.

mask [mæsk, maːsk] ~에 가면을 씌우다, 가면으로 가리다. 가리다, 감추다.

mass [mæs] 모임, 집단, 집적. 부피, 크기, 양

master [mǽstəːr, mɑ́ːstəːr] 주인, 남편, 고용주,정통한[숙달한] 사람.

maximize [mǽksəmàiz] 최대한의, 최고 값의, 최대로 하다, 극한까지 증대하다.

method [méθəd] n. (훈련연구서술 등의) 방법, 방식; 교수법, 방법론;

measure [méʒəːr] [음악] 박자, 리듬; [문학] 격조, 박자. (측정된) 크기, 넓이,
    양, 되, 말. 〈길이크기넓이치수양용적 등을〉재다, 측정하다.

measurement [méʒəːrmənt] 측정, 측량, 계량. 측량법, 측정법.

message [mésidʒ] 전갈, 전언, 인터넷 통신,

minimize [mínəmàiz] 최소한의, 최소로 하다.

mirror [mírər] 거울; [光] 반사경. 〈물건을〉비추다, 반영시키다.

move [muːv] 이동하다, 움직이다, 위치[자세]를 바꾸다,

multiple [mʌ́ltpl] 복식[복합]의, 많은 부분[요소]으로 이루어진, 융합의

musician [mjuːzíʃ-ən] 음악가, 작곡가, 기악 연주가.

mute [mjuːt] 묵음, 무언의, 침묵하는; 소리 없는, 소리[목소리]를 내지 않는.

N

natural [nǽtʃərəl] [음악] 제자리표(♮). 자연스러운, 자연의

next [nekst] 다음의, 바로 다음의, 뒤따르는, 이어지는

new [nju：] 새로운, 새로 나타난[된], 신규의 (↔ old)

noise [nɔiz]] (불쾌한) 소리; 잡음, 소음, 시끄러움

non-linear [nɑnlíniə：r / nɔn-] 직선이 아닌, 비선형(非線形)의.

normalize [nɔ́：rməlàiz] (음성) 음을 이상적인 높이로 볼륨을 높이다.

note [nout] [음악] 음표(musical note), ♩ ♩ ♪ ♪ ♪ ♫ 𝅘𝅥𝅲, 기록하다, 메모하다.

nudge [nʌdʒ] (…을) 살짝 찌르다, 가볍게 밀어 넣다. 주의를 끌다. 잔소리

number [nʌ́mbə：r] (개념으로서의) 수, 숫자, 수사(numeral).

O

object [ɑ́bdʒikt / ɔ́b-] (오감(五感)으로 포착할 수 있는) 물건, 물체. 대상

octave [ɑ́ktiv, -teiv / ɔ́k-] [음악] 옥타브, 완전 8도, '낮은 도에서 높은 도'

offset [ɔ́：fsét, ɑ̀f-] 상쇄하는 것, (…에의) 보상, …을 맞 비기다, 차감 계산 출발, 최초, 시초(outset).파생물. 잔류 편차(殘留偏差).

on-line [컴퓨터] 온라인의.주변 장치나 외부 장치가 중앙 연산 처리 장치의 제어 하에 있거나 사용자가 컴퓨터와 대화할 수 있는 능력을 가진 것 cf. OFF-LINE.

OP còde [ɑ́p-/ɔ́p-] (컴퓨터) 실시될 특정 연산을 지정하는 부호

open [óupən] 〈문서 등이〉 열려 있는, 〈눈을〉 뜬; 〈가게 등이〉 영업하고

option [ɑ́pʃən / ɔ́p-] 선택의 자유, 임의; (…하는) 선택, 선택권

organize [ɔ́：rgənàiz] (단체 따위를) 조직하다, 편제하다

P

palette [pǽlit] (화가의) 팔레트, 조색판(調色板).

pan [pæn] 소리의 좌우이동, 카메라를 좌우이동

parallel [pǽrəlèl] 평행의, 평행하는, 나란한(to; with). 같은 방향[경향]의,

partial [pá：rʃəl] [물리] 부분음, 고조음

paste [peist] 파일을 부치기, 〈종이천 등을〉 (풀로) 붙이다, 접

patch ［pætʃ］ (해진 데 등에 대는) 헝겊［가죽］ 조각을 대다. ［컴퓨터］ 패치. 프로그램을 이어 붙여서 수정하는 일.

pause ［pɔːz］ 휴지, 약간 멈춤

peak ［piːk］ 산꼭대기, 봉우리(summit); 최대 꼭지점. 최대치

per ［pər］ 일인당, 1개당, ［에 대하여］, 마다

phase ［feiz］ (발달·변화의) 단계, 국면. ［컴퓨터］ 위상, 단계.

phrase ［freiz］ ［음악］ 악구(period), 악절, (일반적으로) 어구, 말(words).

physical ［fízikəl］ 육체적인. 물리학적인,

PIC ［컴퓨터］ personal identification code; program interrupt control.

pitch ［pitʃ］ ［음악］ 음높이, 가락, 음의 주파수 ［음성］의 높이, 가락; 음높이.

plaid ［plæd］ n. 격자 무늬의, 격자［바둑판］ 무늬.

playback ［pleibæk］ 재생

plug-in ［plʌgin］ 꼽으면 연동하는 프로그램 혹은 기기

pool ［puːl］ 합동하다, 함께 하다.

portal ［pɔːrtl］ (우람한) 문, 입구; 정문.

postscript ［póustskrìpt］ .(편지의) 추신(追伸), 추백. 약자: P.S.

preference ［préfərəns］ 우선권, 선택권

preview ［príːvjùː］ 지난번 것, 먼저 보기, 사전 검토, 예비 조사.

previous ［príːviəs］ 이전의(prior), 앞의(foregoing), 먼저의

process ［prɑ́ses / próu-］ 처리하다. 가공하다.

project ［prədʒékt］ (…할) 계획, 기획, 안(案)

property ［prɑ́pərti / prɔ́p-］ 특성, 속성(attribute)소유물, 재산, 자산

purge ［pəːrdʒ］ …을 깨끗이 하다(clean), 정화하다(purify)

Q

quantize ［kwɑ́ntaiz / kwɔ́n-］ …을 양자화(量子化)하다.

quarter-note ［kwɔːrtər-nout］ ［음악］ 4분 음표. ♩

quarter-rest ［kwɔːrtər-rest］ ［음악］ 4분 쉼표.

quick ［kwik］ 빠른, 기민한, 민첩하게 움직이는

quit [kwit] 그치다, 그만두다, 중지하다(discontinue)

qwerty, QWERTY [kwə́ːrti] 쿼티, 타자기 자판의 문자 배열이 보통대로인 키
보드의 맨 윗줄이 q, w, e, r, t, y, u, i, o, p의 순으로 되어 있음.

R

radial [réidiəl] 광선의; 광선 모양의. 방사상(狀)의, 복사상(狀)의.

random [rǽndəm] a. 닥치는 대로의, 되는 대로의, 임의의.

range [reindʒ] 범위, 폭, 한도, 한계(limit, extent).영역,

rate [reit] 비율, 율 요금, 속도, 가격(price); 시세(ratio, proportion);

ratio [réiʃou, -ʃiòu] [수학] 비, 비율

raw [rɔː] 생것, 요리되지 않은, 날것의(uncooked).

ray [rei] 광선. (비유) (생각·희망의) 빛, 서광, 한 가닥의 광명; 시선; 약간,

real time [ríː-əl, ríəl taim] [컴퓨터] 실(제)시간. 즉시, 동시.

reflect [riflékt] (빛·소리·열 따위를) 반사하다, 되튀기다 (비유) 반영하다,

register [rédʒəstəːr] 등록, 등기, 기입. [음악] 음역 (range),

record [rékəːrd / -kɔːrd] 녹음[녹화]하다 기록, 등록.(축음기 등의) 음반, 레
코드. 기록하다

redo [riːdúː] 다시 하는 것

redraw [riːdrɔ́ː] 다시 그리다.

region [ríːdʒ-ən] (명확한 한계가 없는) 영역, 지대, 지방, 지역, 지구, 해역

remove [rimúːv] ~을 옮기다, 움직이다, 이전[이동]시키다. 제거하다.

repeat [ripiːt] 되풀이 하다, 복창하다, 흉내내어 말하다

rest [rest] [음악] 쉼표; 휴식, 휴양; 수면; 영면, 죽음.

restore [ristɔ́ːr] 복구하다, 원상태로 되돌리다, 수복[복원]하다.

reset [riːsét] 처음의 동작 상태로 세팅하다, …을 다시 놓다;

retrograde [rétrəgrèid] 거꾸로 가는, 후퇴하는; 역행하는, 퇴각[퇴거]하는

reverberation [rivə̀ːrbəréiʃən] 잔향, 반향, 잔향음.

revert [rivə́ːrt] 되돌아가는[복귀하는], 되돌아가다, 복귀하다

reverse [rivə́ːrs] 〈위치 방향 순서 성질이〉 거꾸로 된, 〈기계 등이〉 거꾸로 움직

이는, 역전하는. 역행하다.

rewind [riːwáind] …을 다시 감다, 처음으로 감다. 반대로 감기(테이프).

ridge [ridʒ] 산마루, 산등성이; 능선; 분수선.

right [rait] 권리, 옳은, 정당한; 바른, 정확한, 틀림없는

roll [roul] 구르다, 굴러가다[다니다], 돌다, 회전하다

ruler [rúːləːr] 자(rule), 괘선을 긋는 기구, 지배자, 통치자; 주권자.

S

sample [sǽmp-əl / sάːm-] 견본, 샘플, 표본 [컴퓨터] 표본, 본보기,

save [seiv] 저장하다, 비축하다, 저금하다, 안전하게 하다

scope [skoup] (지력·연구·활동 따위의) 범위, 영역; (정신적) 시야.

score [skɔːr] [음악] 악보, (경기에서의); 총득점, 스코어.

scribe [skraib] 선을 긋다, 필기사, 표를 하다, 새기다;

script [skript] 원고; (극·영화·방송극 등의) 각본, 대본, 스크립트.

sharp [ʃɑːrp] [음악] 반음 높은, 올림표(♯)가 붙은, 날카로운

sharpen [ʃɑːrp-ən] 날카롭게 하다; 뾰족하게 하다, 깎다, 갈다.

search [səːrtʃ] 조사하다, 찾다, 뒤지다,

section [sékʃ-ən] 자르기(cutting), 절단, 분할; (외과·해부의) 절개, 절단 [음악] 악절. 절(기호 §), (법규 등의) 항

shortcut [ʃːrtkʌt] 지름길; 첩경(shorter way). 단축키

shuffle [ʃʌf-əl] 발을 끌며 걷다, 어색한 동작을 하다; (의복·구두 등을) 어색하고 교묘하게 행동하다; 혼잡한 상태.

select [silék] 선택하다, 골라내다, 발췌하다 ,…을 (…을 위하여) 선발하다

selection [silékʃ-ən] (좋은 것의) 선택, 선발(selecting), 정선(choice).

series [sí-əriːz] 연속, 일련, 한 벌 (set), 연속물.

setting [sétiŋ] n. 장착하기, 설치하기. 해가 짐

shape [ʃeip] 모양(form), 형상(形象)(configuration), 외형; 윤곽, 형태

shift [ʃift] 이동하다(move), 옮기다, 장소[주소(등)]를 바꾸다; 변화하다.

signature [sígnətʃəːr]. [음악] 시그니처. 악보 맨처음에 있는 음조박자 지시 기

호. [라디오TV] 테마 음악.서명, 사인(예능인의 사인은 autograph); 서명하기.

simple [símp-əl] 단순한, 간단한, 다루기 쉬운. a simple tone 단순음.

simulate [símjəlèit] 실제인 것처럼 행동을 취하다, 을 가장하다, (짐짓)

single [síŋg-əl] 단 하나의, 하나뿐인(one only), 유일한(sole), 미혼의

sixteenth note [음악] 16분 음표.

sixteenth-rest [음악] 16분 쉼표.

space [speis] 공간, 대기권 밖, 우주. 빈틈, 여지, 공간, 지면, 간격(interval).

silence [sáiləns] 고요, 정적(stillness). 무언, 침묵(mute)

slide [slaid] (표면을) 미끄러지다(glide); 미끄러지듯 나아가다.

slur [slə : r] [음악]이음줄(서로 다른 음높이), 부드럽게 이어 부르는 것

smart [sma : rt] 똑똑한, 단정한, 말쑥한, 멋진,

smooth [smu : ð] 자연스럽게 넘어가는, 반들반들한, 매끄러운.

snap [snæp] [영상] 간단하게 촬영하다, 스냅 사진을 찍다.

sonic [sánik / sɔ́n-] 소리[음향]의. 음속의[과 같은];가청 범위 내 주파수인.

source [sɔ : rs] (사물 등의) 근본자료, 출처, 근원, 근본, 원인(origin)

sort [sɔ : rt] 종류(kind, class), 타입; 성격, 성질(character, nature), 품질

special [spéʃ-əl] 특별한, 특수[특이]한(↔ general);

speedy [spí : di] 빠른, 신속한; 순식간의, 즉시의.

spelling [spéliŋ] 철자법, 정자법(正字法)(orthography).

split [split] 쪼개다, 찢다, 째다(rive), 분할하다.

staff [stæf / stɑ : f] [음악] 보표(譜表), 5선.

statistics [stətístiks] 통계학, 통계론. 《복수 취급》 통계, 통계 자료.

status [stéitəs, stǽtəs] 상태, 지위, 신분; 높은 지위; [法] 신분

staves [steivz] 1. staff(보표)의 복수형   2. stave(단, 디딤대)의복수형.

stem [stem] [음악] 음표의 수직선. (초목의) 줄기, 대, (활자의) 굵은 세로선.

step [step] 순서, 계단, 발자국

stretch [stretʃ] 한껏 뻗다[펴다], 길게 펼치다, 〈손 등을〉 앞으로 내밀다

stuff [stʌf] 물질, 성분; 재료, 소재, 원료. 재산, 소지품, 가진 것.

style [stail] 형(型), 양식, 형식; 종류(kind). (행동 등의) 양식, 방법

surround [səráund] 에워싸다, 둘러싸다.

synthesis [sin θ isis] 합성, 종합, 통합(↔ analysis); 종합법

synchronize [síŋkrənàiz] 화면과 발성이 일치하다. 동시성, 동기화

swap, [swɑp / swɔp] 교환하다 (trade), 바꾸다, 교역하다(exchange)

swing [swiŋ] 흔들어 움직이다, 흔들거리게 하다; 흔들다.

swirl [swəː rl] 소용돌이치다(about); 소용돌이에 휩쓸리다.

T

tablature [tǽblətʃəː r, -tʃùəː r] (무늬·글자 등이 새겨진) 평면; 명판(銘板)

tempo [témpou] [음악] 빠르기., (일,활동의) 속도, 리듬, 템포.

text [tekst] (삽화 등과 구별하여) 문자형 본문, 글자, 문자, 교재

threshold [θréʃhould] 분기점, 발단, 시초, 출발점.

through [θ ruː] 《관통통과》 ~을 통해,…을 꿰뚫어, …을 뚫고,

tile [tail] 부치다, 타일[기와] 223(모양의 것).~을 붙이다;

time [taim] 시간; 세월.《수식어와 함께》 (앞뒤가 한정된) 시간, 기간,

tip [tip] 암시, 힌트, 경고, 끝, 선단; 정상, 정점(apex), 꼭대기.

toggle [tɑ́g-əl / tɔ́g-əl] 밧줄을 고정시킴. (스포츠웨어의 단춧구멍 등에 끼우는) 막
    대 모양의 장식 단추.

tool [tuː l] 도구, 연장, 공구

topic [tɑ́pik / tɔ́p-] n제목, 화제, 이야깃거리; 주제, 논제, 테마.

transition [trænzíʃ-ən, -síʃ-ən] [음악] 일시적 조바꿈 [영상] 영상클립과 클립사
    이에 특수효과를 준것

transpose [trænspóuz] [음악] 〈음정이〉 이조되다. 〈문자 등의〉 (위치순서 등
    을) 뒤바꾸다, 바꾸어 놓다[넣다](interchange), 교환하다.

transport [trænspɔ́ː rt] 〈사람물건을〉 나르다, 옮기다, 운송[수송]하다

track [træk] 사운드의 각 채널, 철도 선로, 궤도(rails).노선, 통로, 진로.

transcription [trænskrip ʃ n] 베끼기, 필사, 전사, 복사, 등사; [聲] 발음 기호로
    옮기기; 그 글. [라디오TV] 녹음 (방송), 녹화, 재방송용 필름. [음악] 편곡,
    음반의 의미도 포함

tremolo [trémələou] [음악] 트레몰로(음화음의 빠른 되풀이 떠는 것) 떨리는 음목소리

trim [trim] 정리하다, 깎아 다듬다, 손질하다;

trimmer [trímə：r] 다듬는 장치, 트리머(미(微)조정용 가변 콘덴서.

troubleshooting [trʌblʃuːtiŋ] 고장의 수리. 분쟁의 조정. 문제해결

type [taip] (공통의 특징을 가진) 형, 유형, 타입. 타자기로 치다, 타자하다

U

unknown [ʌnóun] 알려지지 않은, 미확인 된

update [ʌpdéit] 최신 정보, …을 최신식[최신의 것]으로 하다, 새롭게 하다

undo [ʌndúː] 한 것을 취소하다. 하지 않다.

unsharp [ənʃɑːrp] 날카롭지[예민하지] 않은; 흐릿한, 선명치 못한.

upgrade [ʌpgrèid] 새롭게 하다, …의 등급을 올리다, (가치 등을) 높이다.

V

Venetian [vəníːʃən] 베네치아(사람)의, 베네치아 스타일의.

version [vóːrʒən, -ʃən] 구판부터 최신판까지 분류하는 번호의 조합 1.05

vertically [vóːrtikəlli] 수직으로.

virtual [vóːrtʃuəl] 가상의.

vocal [vóukəl] 목소리의, 음성의; 발성에 필요한. 성악(용)의

voice [vɔis] (사람의) 목소리, 음성; (새 등의) 울음소리. (성악의) 소리, 발성

volume [váljuːm / vɔl-] 음성의 세기, 양, 책, 서적 전집 중 1권

W X Y Z

wander [wándəːr / wɔn-] 헤매다; 배회하다. 일견,시계, 시야. 풍경

whóle nòte [음악] 온음표 【영국】 semibreve

whóle rèst [음악] 온쉼표.

width [widθ, -tθ] 너비, 폭, 가로(breadth);

wipe [waip] 〈물건 등을〉 가볍게 문지르다, 닦다, 훔치다, 청산하다

woodwind [wúdwìnd] 목관 악기. 목관 악기부.

zoom [zuːm] [영상] 화상을 확대[축소]하다, 《in; out》.

이동재

▌약력

안동대학교 음악과 졸업
영국 University of York 음악대학원 음악공학과(Music Tech.) 졸업
중앙대학교 첨단영상대학원 영상공학과 예술공학 박사과정 수료

울산 현대중학교 음악교사
영국 CDP 연구원
공주영상대학 음향제작과 교수
고등학교 검인정 교과서 '사운드 일반' 교과과정 심사위원장

▌주요 논문 및 저서

「가시광선에 대한 음악적인 접근」(공주영상대학, 2000)
「영상 및 음성 통합교육과정 제안」(한국디지털아트미디어학회, 2005)
「기능성 게임 콘텐츠 설계 및 신체적 감성변화 분석」(한국컴퓨터게임학회지, 2005)
「음악적인 음색 구성 디자인」(한국디지털공학예술학회, 2009)
『영상을 위한 사운드 디자인 입문』(한국학술정보(주), 2000)
『CSound』(예당출판사, 2003)

작품
어리버리 교수의 하루(영상연출 및 음악작곡 사운드 디자인, 2003)
백제역사탐방 다큐 제작(충청남도청 주관, 2006년/2007년/2008년/2009년)
기타 영상사운드 제작(다수 편)
음악작품 약장사 등

keywords
wavelab, vegas, sound forge, 웨이브랩, 베가스, 사운드 포지, sound processing, sound editing, 기초 사운드 제작, 영상사운드 제작, 라디오드라마 제작, PC사운드 제작, 녹음, 영상을 위한 사운드 제작, 음향 제작, 디지털 사운드 제작, digital sound, 음악편집, 음성편집, music technology, audio engineering, 음악공학

공주영상대학 음향제작과 이동재 교수의
Wavelab(5.0 이상)+Vegas(7.0 이상)를 사용한

영상사운드
라디오드라마
게임사운드 제작

초판인쇄 | 2010년 2월 28일
초판발행 | 2010년 2월 28일

지은이 | 이동재
펴낸이 | 채종준
펴낸곳 | 한국학술정보(주)
주 소 | 경기도 파주시 교하읍 문발리 파주출판문화정보산업단지 513-5
전 화 | 031) 908-3181(대표)
팩 스 | 031) 908-3189
홈페이지 | http://www.kstudy.com
E-mail | 출판사업부 publish@kstudy.com
등 록 | 제일산-115호(2000. 6. 19)

ISBN   978-89-268-0768-2 13670 (Paper Book)
        978-89-268-0769-9 18670 (e-Book)

이담 Books 는 한국학술정보(주)의 지식실용서 브랜드입니다.